HENNING LUTHER

Frech achtet die Liebe das Kleine

Biblische Texte in Szene setzen
Spätmoderne Predigten

Herausgegeben von
Ursula Baltz-Otto und Kristian Fechtner

RADIUS

Henning Luther (1947–1991), Prof. Dr. theol., Dipl. Päd.; geboren in Lüneburg. Studium der Evangelischen Theologie in Bethel, Heidelberg, Mainz. Studium der Pädagogik in Mainz. Promotion 1976 (Dissertation zur Reform des Theologiestudiums), Ordination 1979, Habilitation 1982 (Friedrich Niebergall und Erwachsenenbildung). Wissenschaftlicher Mitarbeiter/Hochschulassistent Universität Mainz 1978 bis 1986; ab 1986 bis zu seinem Tod Professor für Praktische Theologie (Religionspädagogik) an der Philipps-Universität Marburg.

ISBN 978-3-87173-378-9

Umschlag: André Baumeister
Auf holz- und säurefreiem Werkdruckpapier gedruckt
Gesamtherstellung: CPI – Clausen & Bosse, Leck
Printed in Germany

Vorwort zur erweiterten Neuausgabe 7
Einleitung 9
Spätmodern predigen 12

Predigten

Gelebte Rechtfertigung 19
Römer 3,19-28
Das Fest des Kindes 24
Matthäus 2,1-12 (16-18)
Hoffnung und Trauer 30
Apostelgeschichte 12,1-17.24
Eine Abrüstungsgeschichte 35
Johannes 8,1-11
Gefängnis und Alltag oder: Was unsere Fesseln löst 40
Philipper 3,3-11
Unter dem Pflaster liegt der Strand 45
Matthäus 22,2-14
Werdet Bedürftige 52
Kolosser 4,2-4 (5-6)
Gott erscheint bei den Opfern 58
Johannes 1,29-34
Das Ende der Bescheidenheit 63
Lukas 18,1-8
»Komm!« oder: Apokalypse als Offenbarung der Güte 68
Lukas 21,25-33
Gott loben heißt protestieren 74
Offenbarung 15,2-4
Gegen das ungelebte Leben 80
Johannes 12,35-36
Trösten lernen 85
Jesaja 40,1-5 (6-8)

Andachten

Meditation zu Raum und Text *95*
Offenbarung 21,1-5
Pflicht oder Hoffnung? Kleine Grammatik des Handelns *105*
1. Petrus 3,8-17
Die doppelte Ent-täuschung *113*
Lukas 24,13-35
Ist alles gleichgültig? oder:
Einen Text verstehen heißt um ihn ringen *121*
Maleachi 3,19-21
Denn unser Wissen ist Stückwerk *128*
1. Korinther 13,9
Dem unbekannten Gott – oder: Paulus in Frankfurt *136*
Apostelgeschichte 17,22-34
Glauben heißt aufbrechen *145*
1. Mose 12

Hinweise und Quellen *151*

Vorwort zur erweiterten Neuausgabe

Henning Luther (1947-1991) gehört zu den prägenden und einflussreichsten Theologen unserer Zeit, von denen Studenten nach seinem Tod gesagt haben: »Wer ihn im Gottesdienst oder einer Schlossandacht erlebt hat, wird sich an einen zurückhaltenden Menschen erinnern, der Sprengkraft predigte. Wir erinnern uns nicht an einen Charismatiker, sondern an einen Mann mit Charisma.«

Noch in Luthers letztem Lebensjahr ist sein Predigtband »Frech achtet die Liebe das Kleine« erschienen. Bereits der Titel dieses Bandes verrät Luthers Verständnis von Religion. Es geht ihm um die »Individualisierung der Religion, d.h. um die Frage, wie die einzelnen im Kontext ihrer je verschiedenen Lebenswelt und Lebensgeschichte mit religiöser Tradition umgehen, zum anderen um die Individualisierung durch Religion, d.h. um die Frage, was Religion zur Subjektwerdung des einzelnen beitragen kann.« Religion vermittelt für Luther nicht Gewissheit und Trost, sondern provoziert Beunruhigung. Mit Heinrich Böll ist der religiöse Mensch der Heimatlose, und Religion ist Ausdruck dafür, »dass wir auf dieser Welt nicht ganz zu Hause sind.« Luther sieht die Diskrepanz zwischen den unterschiedlichen Deutungen der Welt und der erfahrenen Wirklichkeit der Welt: »Welterfahrung wird so zunehmend zur Erfahrung von Widersprüchen. Deutungen passen nicht zu dem, was gedeutet wird. Das ›Nicht-Passen‹ ist die Ausgangserfahrung von Religion.« Religion versucht nicht den Widerspruch aufzulösen, sondern leitet an, mit und im Widerspruch zu leben. »Religion ist daher im Kern gerade nicht Sinnstiftung oder Bewältigung von Kontingenz«, sondern sie hält den Einspruch gegen eine Welt »ohne Tränen der Trauer« wach.

In der Rezeption von Emmanuel Lévinas (1906-1995) hat Henning Luther Subjektivität vom Anderen her, von dessen Verletzlichkeit, Ausgegrenztsein, seiner Leiden und Sterblichkeit gesehen. Er macht bewusst: »Eine Theologie ohne Tränen der Trauer und ohne Seufzer der Hoffnung, eine Theologie, die den Menschen in seinem Schmerz und in seiner Sehnsucht verloren hat, hat auch das, was sie für ihr eigentliches Thema halten mag, Gott, verloren.«

Seine subjektorientierte Theologie war eine Theologie der Nähe. Die Texte heute zu lesen und sie wieder herauszugeben, erschließt ihre Aktualität. Sie lassen nach-denken, machen nachdenklich, eröffnen Fragen und Probleme heutiger Zeit. Henning Luther versteht Predigt als »Kunst«, nicht als »Auslegung«, sondern als »Inszenierung«, als »Realisation« des Textes. Das macht ihren Reiz, ihre Faszination aus. Seine Predigten stehen für eine theologische Praxis spätmoderner Prägung, die nicht nur über individualisierte Religion spricht, sondern sie selbst verkörpert und ausspricht. Sie zeigen, welche sprachliche Fähigkeit erforderlich ist, wenn sie Menschen in ihrer Zeit, in ihren Vorstellungen und in ihren Wirklichkeitserfahrungen erreichen sollen.

Wir danken für die finanzielle Unterstützung zur erweiterten Neuauflage dem Freundeskreis Marburger Theologie, der Evangelischen Kirche in Hessen und Nassau, der Vereinigten Evangelisch-Lutherischen Kirche Deutschlands und dem Kulturfond der Industrie- und Handelskammer Mainz.

Mainz, im Februar 2008

Ursula Baltz-Otto/Kristian Fechtner

Einleitung

»Predigt« hat in nichtkirchlichen Kreisen eher einen schlechten Ruf. Umgangssprachliche Ausdrücke wie »Moralpredigt« und »abkanzeln« lassen ahnen, welche Assoziationen die Kanzelrede weithin weckt. Der Ton autoritativer Gewißheit vermag viele suchende und fragende Zeitgenossen nicht mehr anzusprechen. Wie ist nach dem Ende eines christlich zentrierten Einheitsdiskurses, also unter den Bedingungen von Kontingenz und Pluralität in unserer Gesellschaft, Predigen möglich? Predigt – vor allem jene Predigt, die sich auch an die richtet, die »draußen bleiben« – kann Einverständnis nicht mehr voraussetzen.

Sie kann sich auf keine »letzten Gewißheiten« mehr stützen, die der Infragestellung entzogen wären. Predigt kann nicht länger mehr *abschließende Rede* sein. Abschließende Rede geht von der fundamentalistischen Unterstellung aus, daß es letzte, letztgültige (begründete) Sätze gibt, die der Befragung entzogen sind. Abschließende Rede sucht nicht das Gespräch, sondern will es an irgendeinem Punkt zum Abschluß bringen. Wer predigt, hat den anderen nichts voraus. Predigt, die auf den Gestus abschließender Rede verzichtet, begibt sich in die Solidarität mit den Fragenden. In dieser Solidarität gewinnt Predigt wieder den gesellig-kommunikativen Charakter, auf den der Wortsinn von »homilia« verweist.

Wie aber ist Predigt möglich, die nicht mehr abschließende Rede sein kann? Was kann Predigt als christliche Rede sagen, wenn sie keine letzten Gewißheiten mehr zu verkünden hat? Wenn christlicher Glaube im Kern als *kritischer Weltabstand* begriffen werden kann, bleibt christlicher Rede auch und gerade nach dem Abschied von einheitsstiftenden letzten Gewißheiten etwas zu sagen. Gegen sich abschließende Konventionen, die positivistisch oder zynisch sich abfinden mit der Welt, wie sie ist, wird sie Verunsicherungen provozieren und die Frage nach dem Anderen artikulieren. Predigt wäre damit aber nicht mehr abschließende Rede, sondern *unterbrechende* Rede. Sie beunruhigt eher, als zu bestätigen. Sie unterbricht unsere alltäglichen Selbstverständlichkeiten, indem sie zwischen unsere Fraglosigkeiten immer wieder die Frage stellt. Als unterbrechende Rede hat sie also etwas zu sagen, indem sie Fragen stellt und in Frage stellt, nicht, indem sie letzte Wahrheiten oder Gewißheit verkündet.

Biblische Texte dienen unterbrechender Rede nicht als übergeordnete Instanz, aus der die »Wahrheit« ihrer Aussagen zu begründen wäre. In unterbrechender Rede haben biblische Texte nicht länger die Funktion eines *Fundaments*. Sie wirken vielmehr eher wie ein *Ferment*, das in Verbindung mit dem Text (oder Texten) unserer Welt neue Fragen und Perspektiven hervorruft. Predigt legt also nicht (biblische) Texte aus, sondern setzt sie in Szene, in die Szenen unserer Lebenswelt. In der Inszenierung biblischer Texte könnte ihre Fermentwirkung zur Geltung kommen.

Unterbrechende Rede ironisiert so die Ansprüche auf autoritative Letztgültigkeit und Gewißheit. Sie unterbricht auch den Gewaltzusammenhang, den diese Ansprüche immer wieder erzeugen. Der die Säkularisierung ernstnehmende Übergang von der Predigt als abschließender Rede zur Predigt als unterbrechender Rede bedeutet nicht den Abschied vom Christentum, sondern den Versuch seiner Realisierung:

»In der Auflösung der Autoritäten und aller endgültigen Wahrheiten kommt auch ein christliches Grundmotiv zum Vorschein: die Kenosis …

Die Säkularisierung der europäischen Kultur, die zur Demokratisierung, zur Toleranz geführt hat, ist nicht gegen das Christentum gerichtet, sondern sie besteht in der Verwirklichung eines zentralen Aspekts der christlichen Botschaft, daß Gott sich nämlich erniedrigt hat, daß er Knechtsgestalt angenommen hat und Fleisch geworden ist. Und diese Selbsterniedrigung bedeutet ja, daß Gott sich als Mensch maskiert hat. Das ist nicht nur ein vorübergehendes Spiel, so als ob er später dann wieder als der wahre Gott der Philosophen, des Aristoteles oder Hegels, zurückkehren würde, sondern dabei handelt es sich um eine endgültige Kondeszenz in dem Sinne, daß das wahre Geschick der Befreiung in einer Befreiung vom Willen zur Macht, zum Sein, zur dauerhaften Herrschaft besteht …

Wir sind modern, nicht obwohl unsere Herkunft christlich ist, sondern weil wir Christen sind.«

(Gibt es eine europäische Kultur? Gespräch mit dem Turiner Philosophen Gianni Vattimo, in: Evangelische Kommentare 23 [1990], 467-471, 469.)

Literaturhinweise
Hans-Jost Frey: Der unendliche Text. Frankfurt 1990
Henning Luther: Predigt als inszenierter Text. Überlegungen zur Kunst der Predigt, Theologia Practica 18 (1983) 3/4, 89-100
Richard Rorty: Kontingenz, Ironie und Solidarität. Frankfurt 1989

Spätmodern predigen

»Die moderne Predigt« – unter diesem programmatischen Titel stellt der liberale Praktische Theologe Friedrich Niebergall 1905 seinen homiletischen Grundsatzentwurf (in: ZThK 15 [1905], 203-271). Eine diesen Grundsätzen folgende dreibändige Predigtlehre legt Niebergall wieder unter einem Titel vor, der den Bezug zur Moderne programmatisch aufgreift: »Wie predigen wir dem modernen Menschen?« (Leipzig/Tübingen 1902/1906/1921). Und zu den letzten größeren Veröffentlichungen Friedrich Niebergalls gehört die 1929 erschienene Monographie »Die moderne Predigt« (Tübingen 1929). Moderne Predigt bezieht sich nach Niebergall sowohl auf eine moderne Evangeliumsverständnis (für das die historisch-kritische Vernunft, ein undogmatisches, die Subjektivität berücksichtigendes Christentum und die Offenheit für andere Religionen konstitutiv ist) als auch auf den »modernen Menschen« (für den Realismus, Verunsicherung durch den Relativismus, Authentizitätsstreben und das Erwachen der sozialen Frage kennzeichnend seien). Niebergall ordnet 1929 die neoorthodoxe Reaktion der neutheologischen Bewegung als Ausdruck des Hochmodernismus ein.

Dieses Jahrhundert *beginnt* also mit dem Konzept der »modernen Predigt«. Es fragt sich, ob wir am Ausgang des zu Ende gehenden Jahrhunderts die moderne Predigt hinter uns haben – oder immer noch vor uns.

Wenn ich im folgenden einige ausgewählte Predigten und Andachtstexte unter dem Titel »Spätmoderne Predigten« vorlege, soll damit diese Frage evoziert, nicht beantwortet werden. Die Predigten sind nicht als Ausführung eines Programms entstanden. Erst im Nachhinein stellt sich die Frage, wo wir mit unserer Art zu predigen stehen.

»Spätmodern« – mit dieser Bezeichnung sind für die Frage zwei Tendenzen angedeutet: Zum einen, daß wir heute »später« dran sind als 1905 und folglich das nicht ignorieren können, was seitdem folgte; zum anderen aber signalisiert das Stichwort »Spät*moderne*« die Zugehörigkeit zur Moderne, dessen Projekt *nicht* von einem Post-Stadium aus verabschiedet wird.

Predigen als *Inszenierung* biblischer Texte zu verstehen

bedeutet Abschied zu nehmen von einem Verständnis der Auslegung nach dem *Repräsentationsmodell der Bedeutung*.

Dieses Auslegungsmodell geht davon aus, daß die *Bedeutung* von Texten (Zeichen) *hinter* diesen liegt und nur freigelegt werden müßte durch Interpretation. Predigt in diesem Modell ist dann Freilegung der »eigentlichen« oder »wahren« Bedeutung der biblischen Texte und letztlich damit Freilegung des Gotteswortes selber (so daß schließlich sogar die Predigt selbst *als* Gotteswort mißverstanden werden kann). Aber die Bedeutung von Zeichen (Sätzen, Texten) liegt nicht in ihnen wie der Keks in der Keksschachtel. Was »dahinter« liegen könnte, sind wieder nur Sätze, Zeichen – Sprache. Aus der Kontingenz der Sprache kommen wir nicht heraus.

Bedeutung ist dann aber nicht etwas, was hinter (oder tief innen) in den Sätzen der Sprache steckt, sondern etwas, das sich ereignet, indem unterschiedliche Sätze/Texte aufeinanderstoßen, Texte in Kontexte geraten und *derart* allererst Bedeutung prozessuieren. Die Möglichkeit von Sinn oder Bedeutung liegt *nicht* in der Identität von Zeichen/Text und Bedeutung – so daß Interpretation ein Akt der Identifizierung wäre –, sondern gerade in der *Differenz* von Zeichen/Texten. Erst im Aufeinandertreffen der Unterschiede erwächst der »fruchtbare Moment« neuer, kreativer Bedeutung, die nicht nur das Bekannte, also Stereotypien, rekapituliert. Da Texte in immer neue Kontexte (Szenen, Situationen) geraten und in sie hineinversetzt werden können, ist Interpretation eine »unendliche Aufgabe«.

Predigt nach *vormodernem* Verständnis ist Auslegung der »wahren« Welt, des Gottes Wortes selber. Praedicatio verbi divini est verbum divinum. In diesem Verständnis gründet jede apodiktische Predigtauffassung, die diese der Kontingenz unserer Sprache entheben will und Predigt *nicht* als Rede, sondern als Gattung sui generis verstehen will. Sie ist vielmehr letztgültige Rede, autoritative Anrede, die »senkrecht von oben zu uns kommt«. Dieses »Draußen« oder »Oben« ist Ort und Garant der Bedeutung der Predigtsätze.

Die *moderne Predigt* (Friedrich Schleiermacher/Friedrich Niebergall) bringt nun das interpretierende (auslegende, predigende) Subjekt und das hörende (angesprochene) Subjekt (Gemeinde) als gleichrangige Faktoren neben dem auszulegenden Text in das Predigtgeschehen. Predigt ist nicht länger nur ein einpoliger Vorgang (Text-Auslegung), sondern ein dreipoliger Prozeß, der sich als Gespräch *zwischen* den drei Größen Text/Prediger/n/Gemeinde vollzieht. Klassisch Friedrich Niebergalls Definition in seiner Grundsatzbesinnung über »Die moderne Predigt« (1905): »Predigen ist die in bestimmten Formen vor sich gehende Tätigkeit einer dazu berufenen religiösen Persönlichkeit, die aus ihrem Verständnis des Evangeliums heraus einer gottesdienstlich versammelten Gemeinde dazu verhilft, auf ihre Fragen und Nöte Antwort und Hilfe zu finden.« (In: Gert Hummel [Hg.]: Aufgabe der Predigt. Darmstadt 1971, 9-74,11)

Predigt im modernen Verständnis begreift sich nicht autoritativ, sondern kommunikativ. Der Prediger versteht sich nicht als einzelner im Gegenüber zu anderen, der unter dem Zwang einer Mitteilung steht, die ihn selber gefangennahm, sondern als jemand, der sich einläßt auf ein Gespräch mit anderen über einen Text. Moderne Predigt ist gewaltfreie Predigt, die nicht zwingen will. Moderne Predigt sucht die homilia, die Unterredung, das Gemeinsame eines Gesprächs.

Spätmoderne Predigt meint nicht postmoderne Predigt. Sie nimmt nicht Abschied von den Idealen der modernen Predigt, sondern versucht sie aufzunehmen, ernstzunehmen und zu radikalisieren. Sie macht Gebrauch von Darstellungsformen der künstlerischen Moderne (Brechungen, Collage, Montage, Gleichzeitigkeit, Fragment etc.), die auf eine *Vervielfältigung* der Gespräche zielen und eine Uniformierung eines – wie auch immer bestimmten – Einheitsdiskurses überwinden wollen. Eine rationalisierende reduktionistische Auslegungspraxis der Moderne stelle einen solchen antipluralen Weg dar; die moralistische Auflösung der religiösen Sprache eine andere, das Ausdrucksverbot für metaphysische Sprachspiele andere. *Spätmoderne Predigt* hält am kommunikativen Verständnis der Predigt fest. Sie versucht, gerade diesen kommunikativen Grundzug zu fördern, indem einseitige Engführungen (instrumentelle Sprache, Common-sense-Kriterien der Verständlichkeit, Eindeutigkeit etc.) und damit verbundene autoritäre Reste vermieden werden. Sie ersetzt nicht ein Sprachspiel und Auslegungsmodell (das vormoderne) durch ein anderes (vorgeblich modernes), sondern versucht gerade die Vielfalt verschiedener »Sprachen« (auch der religiösen, auch der metaphysischen) und Interpretationen ins Spiel zu bringen.

Vormoderne Predigt lebt von der ungebrochenen Annahme der *Anwesenheit Gottes* (bzw. versucht, diese Annahme auch nach artikulierter Gegenerfahrung zu erneuern). Moderne Predigt antwortet auf den Zweifel an dieser Anwesenheit und später auf die aus der Bestreitung erwachsende Behauptung der *Abwesenheit Gottes.*

Spätmoderne Predigt schlägt sich weder auf die Seite derer, die ungebrochen die Anwesenheit Gottes, noch auf die Seite derer, die unbefragt die Abwesenheit Gottes behaupten. Sie hält sich gerade an der Grenze *zwischen* beiden Aussagen auf und versucht, die Differenz zwischen beiden und den Widerspruch fruchtbar zu machen. Sie konfrontiert die Sätze von der Anwesenheit Gottes mit denen von seiner Abwesenheit und die Sätze von der Abwesenheit mit denen von seiner Anwesenheit. Theologischer Ausgangspunkt einer so verstandenen spätmodernen Predigt ist der sich am Kreuz versagende und entziehende Gott (Bernet) oder jener Modus des Glaubens, der sagt: »Wer an Gott glaubt, kann nicht an ihn glauben« (Adorno).

Sie ist dabei insofern *Predigt*, Dienst am Wort Gottes, als sie die Hoffnung nicht aufgibt, daß in diesem Widerspiel der unterschiedlichen Redeweisen Gott sich zur Sprache bringt. Diese Hoffnung aber ist Befreiung von jener hybrid-herkuleischen Last, daß wir Gott zur Sprache bringen – und zwar als einsamer Herold gegen den Rest der Welt. Spätmoderne Predigt versteht sich als »Anwalt« verschiedener Texte, zum Beispiel des biblischen, zum Beispiel des Lebenskontextes der Hörer und Hörerinnen – nicht aber als Anwalt Gottes. Ein Gott, der einen Anwalt bräuchte, wäre eine contradictio in adiecto.

Spätmoderne Predigt versucht, biblische Texte in Szene zu setzen, in Szenen unseres Lebens zu versetzen. Sie versucht nicht, den einen Text nur auszulegen, seine »Wahrheit« freizulegen. Sie setzt vielmehr biblische Texte in Beziehung – in Beziehung zu anderen Texten, zu Texten gegenwärtiger und gegenläufiger Erfahrung, zu Texten der Welt. Die spätmoderne Predigt will nicht »Wahrheit« produzieren. Sie inszeniert den biblischen Text so, daß vielleicht – so ihre Hoffnung – »Wahrheit« in dieser Konstellation verschiedener Texte, des biblischen Textes in Szenen unserer Welt, aufscheinen kann.

Spätmoderne Predigt bezieht sich daher nie auf den einen Text der Bibel, sondern immer auch auf die Texte der Welt. Nur in ihrer wechselseitigen Beziehung können sie überhaupt wirken. Nur so kann deutlich werden, daß biblische Texte nicht Auskunft geben über eine andere Welt, hinter oder über unserer, sondern einen Kommentar abgeben zu unserer Welt. Als Kommentar zur Welt kann spätmoderne Predigt vielleicht dazu verhelfen, die Welt anders zu sehen. Der andere Blick auf die Welt kann dann auch sie ändern.

Predigten

Gelebte Rechtfertigung

Römer 3,19-28

Liebe Gemeinde, wir feiern in diesem Gottesdienst das Reformationsfest. Reformation – was gibt es heutzutage zu feiern? Wer hat etwas zu feiern? Gibt es da überhaupt noch etwas zu feiern? Festtage verleiten zu falschem Pathos.

»Wo einem vieles ernst ist, läßt sich nicht alles feiern«, notierte Ernst Bloch einmal aus Anlaß einer üblich gewordenen Gedenkfeier. Was könnte *uns* ernst sein an der Reformation? Uns – damit meine ich wirklich uns, jeden einzelnen von uns, nicht *die* Kirche überhaupt. Vielleicht können wir die Reformation ernst nehmen, wenn wir nicht gleich auf die großen Worte verfallen, nicht gleich Begriffe assoziieren wie »Erneuerung der Kirche«, »Selbstbesinnung evangelischen Geistes« etc., sondern wenn wir dabei in unserem Alltag bleiben.

Ich will es einmal versuchen. Ich beginne mit einer – so scheint es – banalen Szene. Sie hat mit Kirche oder gar Reformation an sich nichts zu tun – oder doch? Paßt das, was am Reformationsfest zu sagen wäre, da rein? Doch dazu später.

> »Der Angestellte nimmt den Hörer von der Gabel. Er meldet sich forsch: ›Hier Ammermann!‹
> Hört zu –
> ›Aber das kann doch nicht wahr sein!‹
> Er saugt nervös an der Zigarette:
> ›Nein, das geht nicht!‹
> Schweiß bricht ihm aus:
> ›Ja, bitte… ja… ja…‹
> Er löst die Krawatte, drückt die Zigarette aus.
> ›Jawohl, Herr Direktor… Sehr wohl!… Wir machen das sofort, Herr Direktor.‹
> Der Angestellte legt den Hörer auf, kramt in der Schublade nach Tabletten, füllt sein Wasserglas.«

Das ist eine Szene aus einer Krankheitsgeschichte. Die Krankheit heißt »Angst«. Hier hat sie einen Angestellten getroffen, Menschen in anderen sozialen Situationen und Berufen sind ebenso angesteckt von ihr. Angst ist alltäglich geworden. Sie hat sich in unser Leben gefressen, bei einigen unter uns schon sehr weit.

Angst wovor? Es ist die Angst, zu versagen; Anforderungen, die oft diffus bleiben, nicht gerecht werden zu können; die Angst, daß Anerkennung und Erfolg ausbleiben; es ist die Angst, in der Konkurrenz mit anderen nicht mithalten zu können.

»Am frühen Morgen schon
Herzbeklemmen
und einen Kloß im Hals.
Wie komme ich
heute bloß
über die Runden.«

Mit diesen Zeilen faßt ein junger Lehrer das alles durchdringende Gefühl der Angst zusammen. Vor lauter Angst – nicht leben können. Und dieses Gefühl beherrscht, quält auch sie, die objektiv keinen Grund hätten, die Leistung und Erfolg vorweisen könnten – die Angst peinigt sie trotzdem – oder gerade deshalb?

Angst – das ist das ahnungsvolle Grauen darüber, daß sich trotz aller Anstrengung das Lebensglück nicht herbeizwingen lassen will. Das ist die verborgene und zugleich verdrängte Befürchtung, daß jenes anstachelnde Versprechen: »Wer immer strebend sich bemüht, den können wir erlösen« sich am Ende als große Lebenslüge erweist.

Brechen wir hier zunächst ab. Stellen wir daneben eine weitere, eine andere Krankengeschichte.

Auch hier beherrscht zunächst Angst die Szene. Da ist ein fromm erzogener Mann, der an dem ihm überlieferten Gottesbild zerbricht. Die Lektüre der Bibel wird ihm zur Qual. Sie wühlt ihn auf und läßt ihn nicht zur Ruhe kommen. Immer wieder stößt er auf das Wort von der »Gerechtigkeit Gottes« – und immer wieder hört er daraus: »Gottes Gericht«, »Zorn Gottes«.

Das erschreckt ihn zutiefst, läßt ihn verzweifeln: »So zürnte ich Gott … so raste ich mit wütendem und verstörtem Gewissen«, so erinnert er sich selber. Sein Gott läßt ihn nicht leben: »Ist Gott gerecht, so muß er strafen«, so schlußfolgert der Fromme. In dieser Angst verzweifelt der Mönch Martin Luther.

Ich halte ein: Luthers Angst und unsere Angst – das paßt doch nicht aufeinander?!

Das trennt doch mehr als nur die Zeit?!

Doch antworten wir nicht zu schnell.

Hören wir Luthers Krankengeschichte zu Ende an. Verfolgen wir, wie sie in eine Heilungsgeschichte übergeht.

Dieses Heilungsgeschichte hängt auch zusammen mit unserem heutigen Predigttext.

Ich lese aus dem dritten Kapitel des Römerbriefes vor:

> »Wir wissen aber: Was das Gesetz sagt, das sagt es denen, die unter dem Gesetz sind, auf daß aller Mund gestopft werde und alle Welt vor Gott schuldig sei, weil kein Fleisch durch des Gesetzes Werke vor ihm gerecht sein kann. Denn durch das Gesetz kommt Erkenntnis der Sünde.
> Ich rede aber von solcher Gerechtigkeit vor Gott, die da kommt durch den Glauben an Jesus Christus zu allen, die da glauben.
> Denn es ist hier kein Unterschied: sie sind allzumal Sünder und mangeln des Ruhms, den sie bei Gott haben sollten, und werden ohne Verdienst gerecht aus seiner Gnade durch die Erlösung, die durch Christus Jesus geschehen ist.
> So halten wir nun dafür, daß der Mensch gerecht werde ohne des Gesetzes Werke, allein durch den Glauben.«
>
> (Röm 3,19-20.22-24.28)

Worin lag für Luther die Heilung? In diesen Texten? Die Texte blieben doch dieselben, die ihn zuvor fast zur Verzweiflung getrieben hatten.

Lösend und befreiend wirkte eine *neue Leseart* der alten Texte. Luther lernte, dieselben Texte *neu* zu lesen. Da erst verstand er, wie er schreibt, »die Grammatik«. Jetzt schmeckten ihm die Texte. Wie sah sie aus – diese neue, die richtige Grammatik? Ich fasse zusammen, was Luther lang entfaltet: »Gerechtigkeit Gottes« – das heißt richtig gelesen: »Gott *macht* die Menschen *gerecht*.«

Und ähnlich verläuft – so Luther – die Logik der anderen Aussagen über Gott: »Kraft Gottes« – »das meint die Kraft Gottes, durch welche er uns kräftig macht«; »Weisheit Gottes« – »das ist die Weisheit, durch welche er uns weise macht.«

»Hier fühlte ich mich völlig neugeboren und als wäre ich durch die geöffneten Pforten ins Paradies selbst eingetreten«, so erinnert er sich seiner Heilung.

Die Grammatik des Glaubens meint also nicht weniger als diese: Gottes Sein ist unsere Zukunft. Nicht was ich geworden bin, nicht was an mißlungener Vergangenheit hinter mir liegt, zählt, sondern einzig das, was ich werden kann. So unsere eigene Zukunft offenzuhalten, nicht auf dem Versagen festgeschrieben zu werden – darin liegt die lösende Kraft des Glaubens. Das ist ihre Hoffnung. »So halten wir nun dafür, daß der Mensch gerecht werde ohne des Gesetzes Werke, allein durch den Glauben.«

Luther hat seinen gnädigen Gott gefunden. Und wir? 1947 fragte Wolfgang Borchert: »Wer kümmert sich um wen? Ach, du bist alt, Gott … du kommst mit unseren langen Listen von Ängsten nicht mehr mit. Heute brauchen wir einen neuen. Weißt du, einen für unsere Angst und Not.« Die Ängste heute sind andere – die Frage aber bleibt.

Die Heilungsgeschichte, die Luther erzählt, gehört zum Kernbestand der Reformation. Hatte sie Wirkungen? Folgten ihr weitere Heilungsgeschichten, die von der Befreiung aus Angst und Leistungsgesetzen zu erzählen wußten? Es mag sie gegeben haben – geschichtsmächtig sind sie allerdings nicht geworden. Vielmehr müssen wir – nicht ohne Betroffenheit – zur Kenntnis nehmen, daß die Prinzipien des Leistungsegoismus und der Konkurrenz gerade in den Ländern der Reformation zur vollen sozialen Geltung und Entfaltung gekommen sind.

Wo ist Luthers gnädiger Gott geblieben, der von Werkgerechtigkeit befreite? Die Rechtfertigungsbotschaft scheint nur gepredigt, nicht aber in unseren Alltag umgesetzt worden zu sein. Daß »niemand den Sinn seines Lebens entdeckt, wenn er ihn aus Leistungen ableiten will« – so umschreibt Horst Bannach den Gehalt der Rechtfertigungslehre. Was ist davon in die Wirklichkeit unserer Beziehungen zueinander, in unser soziales Zusammenleben eingegangen?

»Die andere Grammatik« – sie mag für Sonntagspredigten gelten, für unseren Alltag nicht. Wir haben die Rechtfertigungsbotschaft bislang nur gepredigt, es kommt aber darauf an, sie zu leben.

Wie aber kann Luthers gnädiger Gott für uns wirklich werden? Wie entdecken wir – mit Borchert – den Gott, den wir für unsere Ängste brauchen? Fragen wir also danach, wie die »andere Grammatik« sich liest – nicht in den Texten, sondern im Kontext unseres Lebens. Zum Beispiel in den Szenen der Angst.

Die Logik der Angst läuft doch so: Wo ich nur etwas bin, wenn ich etwas geleistet habe, darf ich Schwäche, darf ich Versagen, Mißlingen gegenüber den anderen nicht erkennen lassen, ich muß sie verschweigen. Konkurrenz und die Angst zu versagen – treiben in die Isolation, in die Kälte der Beziehungslosigkeit. Hier nun könnte die »andere Grammatik« einhaken.

Ich lese noch einmal aus unserem Predigttext einen Satz:

»Es ist hier kein Unterschied, wir sind allzumal Sünder und mangeln alle des Ruhms ...« Begreifen wir doch: »Es ist kein Unterschied ...« Das Versagen, das Mißlingen – das ist nicht nur meine Sache, damit stehe ich ja nicht allein. Zu wissen, »der andere hat auch Angst!« – das könnte von der Angst voreinander befreien. In der Konkurrenz mit dem anderen, in der wir unsere Stärke behaupten wollen, scheitern wir: Der Angstschweiß belegt es. Stärke und Kraft gewinnen wir allein aus der Solidarität im Versagen.

Auf dieser Basis, in der Solidarität im Versagen, können wir dann mit dem Leistungsprinzip so umgehen, daß es uns nicht beherrscht, uns nicht ängstigt. Die EKD hat aus Anlaß des diesjährigen Reformationsfestes in einer Denkschrift dazu angeregt, das Leistungsprinzip nicht zu verteufeln, sondern es zu vermenschlichen. Das steht allerdings noch aus: die Vermenschlichung des Leistungsprinzips – und zwar nicht so sehr deswegen, weil wir es bisher verteufelt hätten, sondern im Gegenteil: weil wir Leistung *vergöttlicht* haben. Und daran leiden wir, an dieser Vergöttlichung. Und das – obwohl wir seit Luther wissen sollten, daß wir einen anderen Gott haben.

Reformationsfest – wie feiern wir das heute? Ich meine, indem wir uns einlassen auf jene Solidarität im Versagen, die Solidarität der Schwäche, in die wir uns miteinander begeben. Das könnte gelebte Rechtfertigung sein. Darum, liebe Gemeinde, feiern wir heute die *Gemeinschaft* der Versager. Die Gemeinschaft, in der wir uns unserer Angst nicht zu schämen brauchen, nicht unserer zitternden Hände, nicht unseres Weinens. Denn in ihr gilt die »andere Grammatik« – so, wie sie uns die Kantate im Anschluß an den 126. Psalm vorgetragen hat: »Die mit Tränen säen, werden mit Freuden ernten.«

Das Fest des Kindes

Matthäus 2,1-12 (16-18)

Liebe Gemeinde, ich wünsche Ihnen ein frohes Fest: »Frohe Weihnacht!« – Das haben Sie hinter sich? Die Feiertage sind vorbei? Nun, heute feiern wir Epiphanias. Was ist das für ein Fest? Warum schon wieder – oder noch immer feiern? Feiern Sie nicht gern?

Ich möchte Sie einladen, heute ein altes, fast vergessenes – und wie ich meine: zu Unrecht vergessenes – Fest der Christen neu zu entdecken.

Die Geschichte dieses Festes ist so vielfältig, so reichhaltig, daß wir heute nur erste Schritte auf dieser Entdeckungsreise an die Schauplätze dieses Festes unternehmen können. Vielleicht aber bekommen Sie Lust, selber weiterzusuchen, zu wandern an und zu diesem Fest der Epiphanias.

Heute steht dieses Fest – vor allem unter uns Protestanten – am Rande und bildet lediglich den Abschluß der Weihnachtszeit. In der alten Kirche stand dieser Tag im Zentrum. Die Christen des Ostens feiern, wie Sie wissen, noch heute diesen Tag als das eigentliche Weihnachtsfest. Wie bedeutend für die frühen Christen dieser Tag gewesen ist, wird allein schon daran deutlich, was alles an diesem Festtag bedacht und gefeiert wurde: Da war zum ersten natürlich die Menschwerdung des Gottes in der Geburt Jesu; dann wurde der Anbetung der Weisen aus dem Morgenlande besonders gedacht; ferner sollte an die Taufe Jesu erinnert werden und auch an die Geschichte vom Weinwunder bei der Hochzeit zu Kana. Im Laufe der Jahrhunderte hat sich vor allem eine Geschichte mit diesem Tag verbunden: die Legende von den Weisen aus dem Morgenlande, aus denen dann schon bald die Heiligen Drei Könige wurden.

Mit ihr sind wir bei dem ersten Hinweis auf unserer Entdekkungsreise.

Ich brauche diese Geschichte nicht noch einmal zu verlesen; wir haben sie in der Evangelienlesung gehört und nochmals, zusammengefaßt, in der musikalischen Interpretation des Peter Cornelius. Zudem – wem wären die Szenen dieser Geschichte nicht aus früher Kindheit geläufig? Ich will mich also darauf beschränken, ein paar Akzente in dieser Geschichte besonders herauszustreichen.

Das sind auf der einen Seite der Vertreter von Macht und politischer Herrschaft: Herodes; sodann die theologischen Wissenschaftler und religiösen Führer und schließlich jene weisen Magier aus dem Morgenlande. Und auf der anderen Seite: das neugeborene Kind – oder Kindlein, wie Luther sagt.

Es ist ein Text mit innerer Dramatik und Spannung. Die ganze Aufregung jener Mächtigen, die tagelange Wanderung der Magier, das Ränkespiel des Herodes, die theologischen Untersuchungen und Forschungen der Schriftgelehrten, dies alles ist konzentriert – auf ein *Kind*. Welch Gegensatz!

Es kommt noch krasser: Dies Kind ist Gott. – Gott ist ein Kind. Gott ist kindlich geworden. Das Größte erscheint im Kleinen. Nicht Macht und Herrlichkeit sind göttlich, sondern kindliche Ohnmacht und Schwäche. Epiphanias: Gott erscheint nicht länger als Gott. Gott ist ein Mensch, ein Kind. »Oh, hohe Würdigung. Gott spring von seinem Thron / und setzt mich darauf in seinem lieben Sohn.« So versteht Angelus Silesius zu Recht den umstürzenden Hintersinn dieser Szene.

In Unruhe und Bewegung werden sie alle versetzt, Herodes, die Magier und die Theologen und Priester. Aber wie reagieren sie?

Die Weisen aus dem Morgenlande scheinen den Wechsel zu begreifen. Sie sind zur Anbetung des Kindes bereit. Sie erkennen Gott im Kinde an. Auf der anderen Seite Herodes. Statt der Anbetung des Kindes: der hundertfache Kindermord zu Bethlehem. Die alte Logik der Weltgeschichte: die Herrschenden, die Mächtigen setzen ihren Gang blutig über die Schwachen, Kinder und Ohnmächtigen hin fort. Wo die einen dem Kinde Geschenke machen, Weihrauch, Gold und Myrrhe, da höhnt der andere der kindlichen Schwachheit mit Waffengewalt.

Und dazwischen die Priester und Theologen. Scheinbar neutral ist ihre Gelehrsamkeit; und doch läßt sich ihre Forschung über den Geburtsort des Christus von Herodes für seine mörderischen Pläne verwerten. Die Wissenschaft der Schriftgelehrten hat dem Kindermord von Bethlehem vorgearbeitet, ohne es doch zu wollen – aber auch ohne diese mögliche Gefahr zu bedenken.

Die Geschichte von den Weisen aus dem Morgenlande, dramatisch verknüpft mit der Story um Herodes, unser Predigttext für heute: ein Text, der eigentlich weniger zum Predigen auffordert, der vielmehr zum Spielen einlädt. Damit haben wir einen weiteren Hinweis in unserer Entdeckungsreise zum Epiphaniasfest.

In der Tat: die Szenen mit den drei Königen und um Herodes haben – neben den unzählbaren bildnerischen Darstellungen – eine Fülle von Spielen und Bräuchen zum Dreikönigsfest hervorgebracht. Es gehört geradezu zu dieser Besonderheit dieses Festtages, daß Umzüge, Spiele, theatralische Szenen und andere dramaturgische Bräuche im Mittelpunkt standen. Nicht die Kanzel, die Straße war der Ort der Verkündung der frohen Botschaft.

Die heute verbliebenen Reste dieser Bräuche, wie etwa die Umzüge der Sternsinger, sind ein schwacher Ausklang eines bunten Treibens früherer Zeiten. Diese Dreikönigsspiele und Herodesspiele verbanden die Liturgie mit komödiantischer und dramaturgischer Spielfreude. Sie waren Spiele der Laien und des Volkes. Am Dreikönigsfest wurden die Christen nicht angepredigt – da predigte das Volk in seinen Spielen selber. Und vor allem: Diese Spiele waren besonders die Spiele der Kinder, der Jugend – und später: der sozialen Unterschichten.

Werfen Sie mit mir einen kurzen Blick auf die Straßen einer mittelalterlichen Stadt zum Dreikönigsfest. Es sind die Schüler der Klosterschule, die hier heute das Sagen haben. Aus ihrer Mitte wurden Könige gewählt, denen heute alle, auch und gerade die Erwachsenen, gehorchen müssen. Die soziale Ordnung ist für einen Tag auf den Kopf gestellt. Kinder führen das Regiment, und die Alten klatschen Beifall. Für einen Tag ging's einmal andersrum: Die Jungen befahlen, die Alten gehorchten; die Armen verlangten, die Reichen gaben. In dieser Tradition entwickelten sich dann die Heischebräuche zum Dreikönigsfest.

Da ging's freilich oft ziemlich derb zu; die Wünsche der Kleinen, sie wurden nicht gerade bescheiden vorgetragen. Das waren keine artigen Krippen- und Weihnachtsspiele.

»Ich bin ein kleiner König.
Gebt mir nicht zu wenig,
Laßt mich nicht so lange stehn,
Will e Häusel weitergehn.«

So heißt es in einem sächsischen Dreikönigslied.

Nun, diese Spiele haben nicht allen gefallen. Im 13. Jahrhundert empört sich der Klerus über das komödiantische Gebaren bei den Spielen. Synoden wollen sie durch Verbote unterbinden. Zur Zeit Goethes verbietet die Polizei die Dreikönigsspiele und das Sternsingerlaufen. Landstreicher, Arme, Arbeitslose hatten das Spiel als Bettelbrauch benutzt – oder mißbraucht, wie man's sieht. Goethe protestierte übrigens gegen dieses Verbot mit seinem vergnüglichen Gedicht zu »Epiphanias«, das sich so anläßt:

»Die heil'gen drei König' mit ihrem Stern,
Sie essen, sie trinken und bezahlen nicht gern;
Sie essen gern, sie trinken gern,
Sie essen, trinken, und bezahlen nicht gern.«

Ja, es scheint, daß in späterer Zeit die Spiele zum Dreikönigsfest geradezu zu einem Privileg der armen Schichten des Volkes geworden waren. Ein Bericht aus dem Berlin des Jahres 1784 etwa lautet so:

»In der Hauptstadt sind nur noch für den Pöbel die Verkleidungen geblieben; und ich wünschte nicht, daß man sie ihm nähme. Warum soll er nicht bei den Vorstellungen von Herodes, den der Teufel mitten in seinem Staatsrathe zum bethlehemitischen Kindermorde beredet, ... oder von den drei Königen aus dem Morgenlande, ... warum soll er bei diesen Vorstellungen nicht, nach Belieben, Lachen oder Schrecken oder Glauben empfinden dürfen, indeß wir vor unserer regelmäßigen Bühne tödtliche Langeweile empfinden!«

Brechen wir unsere Entdeckungsfahrt vorerst ab. Was könnten wir mitnehmen – für unser Epiphaniasfest heute? Vielleicht zwei Dinge. Zum einen: Spiele, Feiern, Theater, Umzüge – dies alles, das Komödiantische gehört zumindest ebenso zur Verkündigung der weihnachtlichen Botschaft – wie die Predigt.

Finden wir Spiele! Aber was – wie – soll gespielt werden? Etwa jene ausgelassenen Dreikönigsbräuche der Kinder, von denen wir ein paar Andeutungen bekommen haben? Werden die denn dem Eigentlichen der weihnachtlichen Botschaft gerecht? Lassen wir uns nicht ablenken von den Ausuferungen und Überspitzungen dieses Treibens – denn sind die beklagten Dreistigkeiten nicht ein beredtes Zeugnis für das, was Kindern und sozial Schwachen *jenseits* dieser Tage vorenthalten wurde, gleichsam Ventile für ansonsten vorenthaltene Freiheiten und Freuden. In ihrem Kern aber treffen diese Dreikönigsspiele durchaus den Nerv der Weihnachtsgeschichte: *Gott ist ein Kind.*

»Er wird ein Knecht und ich ein Herr,
das mag ein Wechsel sein.
Wie könnt es doch sein freundlicher –
das herze Jesulein.«

So besingen wir die Weihnacht im Kirchenlied.

Könige beten ein Kind an – plastischer, schöner kann der Gegensatz zu *unserer* Lebensordnung, zu unseren Einteilungen in Oben und Unten, Groß und Klein, kaum ins Bild gesetzt werden. Allerdings ist dieses Bild zu schnell zu einem kitschigen Idyll geworden, das anrührt, aber nicht aufregt und beunruhigt. Die Drastik der Dreikönigsspiele und ihre oft verblümten Heischewünsche haben da schon eher anzudeuten vermocht, welche Konsequenzen in der Botschaft von Weihnachten enthalten sind. Ob sie darum verboten werden sollten?

Gott ist ein Kind. Ein Kind ist Gott. Es geht *nicht* um die einfache Umkehrung. Die da unten kopieren die Herrschaft von oben, die Kinder ahmen die Welt der Erwachsenen nach. Es geht um mehr, um anderes.

Vielmehr hat das Prinzip des Herrschenwollens überhaupt ein Ende. Schwach-sein-können – wird zur Stärke. Nicht immer schon wissen – sondern fragen können. Nicht leisten und besitzen müssen – sondern sich beschenken lassen können, annehmen können. Nicht sich behaupten müssen – sondern sich hingeben können. Nicht fertig sein, nicht erwachsen sein müssen, sondern werden können, wachsen können. Epiphanias: Die Erscheinung des Menschen am sechsten Tag der neuen Schöpfung trägt die Züge des Kindes. Die Menschlichkeit des Menschen erscheint im Kind.

Diese alte Botschaft endlich zu begreifen – das könnte ein nicht unwichtiger Beitrag für das gerade begonnene Jahr des Kindes sein. Erkennen wir uns als Kinder, als unfertige, als Nicht-Erwachsene an – damit wir auch die Kinder als unseresgleichen anerkennen können.

Gott wurde ein Kind –geben wir dem Kind seine Würde. Herodes konnte das nicht – aus Angst um seine Stellung. Er tötete die Kinder! Wie oft aber töten wir das Kind in uns – aus Angst um unserer Stellung? Spielen wir nicht länger des Herodes Rolle, sondern die der Könige! Ehren wir das Kind. Vielleicht so, daß wir auch einmal in unserem Tagebuch wie Peter Handke eine Notiz wie die folgende eintragen können: »Zufriedenheit: an einer Bushaltestelle in der warmen Sonne mit einem Kind wartend auf einer Stufe gesessen.«

Gebet

Herr, kindgewordner Gott,
Du trägst des Menschen Gesicht,
Gibt auch uns menschliche Züge.
Hilf uns, das Kind zu ehren.

Herr,
hilf Bethlehems Kindermorde zu beenden.
Laß nicht länger zu,
daß Kinder sterben vor Hunger,
daß Kinder zu Tode geprügelt werden,
daß Kinder sich töten aus Angst vor unserer Welt.

Herr,
hilf unserer Kindlichkeit.
Laß uns werden wie Kinder
und Dein Reich annehmen.

Amen.

Hoffnung und Trauer

Apostelgeschichte 12,1-17.24

Liebe Gemeinde, allmorgendlich nehmen wir wie das Frühstück Zeitungsmeldungen wie etwa folgende auf: »Regimegegner hingerichtet« oder »Geiseln befreit«. Wir lesen sie und vergessen sie schnell. Entsetzen da, Freude hier wollen sich nicht einstellen. Dazu müßten wir mehr erfahren, die Geschichten, die hinter den Meldungen stehen. Es müßte ausführlicher erzählt werden.

Aber wollen wir sie überhaupt alle hören? Interessieren wir uns für alles gleichermaßen? Für Geschichten, die das Unglück erzählen, genauso wie für Geschichten, die glücklich enden?

Ich möchte Ihnen heute eine Glücksgeschichte erzählen, unseren Predigttext. Es geht ums Glück einer Rettung – so scheint es.

> Um diese Zeit legte der König Herodes die Hände an etliche von der Gemeinde, sie zu peinigen. Er tötete aber den Jakobus, des Johannes Bruder, mit dem Schwert.
>
> Und da Herodes sah, daß es den Juden gefiel, fuhr er fort und nahm auch Petrus gefangen. Es waren aber eben die Tage der ungesäuerten Brote. Da er ihn nun griff, legte er ihn ins Gefängnis und überantwortete ihn vier Rotten, je von vier Kriegsknechten, ihn zu bewachen, und gedachte, ihn nach dem Fest vor das Volk zu stellen. Und Petrus ward im Gefängnis gehalten; aber die Gemeinde betete ohne Aufhören für ihn zu Gott.
>
> Und da ihn Herodes wollte vorführen lassen, in derselben Nacht schlief Petrus zwischen zwei Kriegsknechten, gebunden mit zwei Ketten, und die Hüter vor der Tür hüteten das Gefängnis.
>
> Und siehe, der Engel des Herrn kam daher, und ein Licht schien in dem Gemach; und er schlug Petrus an die Seite und weckte ihn und sprach: Stehe behende auf! Und die Ketten fielen ihm von seinen Händen. Und der Engel sprach zu ihm: Gürte dich und tu deine Schuhe an! Und er tat es. Und er sprach zu ihm: Wirf deinen Mantel um dich und folge mir nach! Und er ging hinaus und folgte ihm und wußte nicht, daß es Wahrheit war, was durch den Engel geschah, sondern er meinte, er sähe ein Gesicht. Sie gingen aber durch die er-

ste und zweite Wache und kamen zu der eisernen Tür, welche zur Stadt führte; die tat sich ihnen von selber auf. Und sie traten hinaus und gingen hin eine Gasse weit; und alsbald schied der Engel von ihm. Und da Petrus zu sich selber kam, sprach er: Nun weiß ich wahrhaftig, daß der Herr seinen Engel gesandt hat und mich errettet aus der Hand des Herodes und von allem, was das jüdische Volk erwartete.

Und als er sich besann, kam er vor das Haus Marias, der Mutter des Johannes, der mit Zunamen Markus hieß, wo viele beieinander waren und beteten. Als er aber an die Tür des Tores klopfte, trat hervor eine Magd, zu horchen, mit Namen Rhode. Und als sie des Petrus Stimme erkannte, tat sie das Tor nicht auf vor Freuden, sondern lief hinein und verkündete es ihnen, Petrus stünde vor dem Tor. Sie aber sprachen zu ihr: Du bist von Sinnen. Sie aber bestand darauf, es wäre so. Sie sprachen: Es ist sein Engel. Petrus aber klopfte weiter an. Da sie nun auftaten, sahen sie ihn und entsetzten sich. Er aber winkte ihnen mit der Hand, zu schweigen, und erzählte ihnen, wie ihn der Herr hatte aus dem Gefängnis geführt, und sprach: Verkündet dies dem Jakobus und den Brüdern. Und ging hinaus und zog an einen andern Ort ...

Und das Wort des Herrn wuchs und mehrte sich.

Das Unvorstellbare wird wirklich: In auswegloser Situation wird einer auf wunderbare Weise gerettet. Der Gefangene wird befreit. Petrus ist dem mörderischen Zugriff des Herodes entkommen. Die Gemeinde kann aufatmen. Das »Gute« hat gesiegt. Die »Sache der Christen« geht weiter. »Das Wort des Herrn wuchs und mehrte sich«, heißt es im Text.

Wir kennen solche Geschichten der Rettung, und zwar durchaus nicht nur aus Märchen und Legenden. Wenn sie auch nicht zu den alltäglichen Meldungen gehören, so gibt es sie doch, hin und wieder: Geschichten, die davon zu berichten wissen, wie sich eine schier ausweglose Situation unverhofft zum Besseren wendet. Auch heute – wenn auch selten genug – öffnen sich Gefängnistore – etwa, weil amnesty international wie der Engel in unserer Geschichte gegen die Übermacht der Herrschenden und für die Verfolgten in aller Welt eintritt.

Aber auch wenn wir die Geschichte von Petrus' Befreiung nicht ganz so wörtlich übertragen: Wir kennen auch innerhalb unseres Lebens Fälle unverhoffter Rettung – die Krankheit, die wieder abklingt; der Unfall, aus dem man wie durch ein Wunder lebend davonkommt.

Rettungsgeschichten können wir also auch erzählen. Wir erzählen sie gern. Wir hören sie gern. Warum? Sie lassen uns durchhalten. Sie geben uns Zuversicht, daß es gut ausgehen kann. »Keine Not ist so groß, daß Gott nicht aus ihr helfen könnte«, versichert sich der Fromme. Es sind Hoffnungsgeschichten, von denen wir leben können. Lukas hat die Befreiung des Petrus als eine solche Hoffnungsgeschichte weitererzählt, um der bedrängten Gemeinde Mut zu machen. Darum berichtet er so ausmalend vom Sieg über den Herodes.

In der Freude über diese Befreiungsgeschichte sind wir nun aber in Gefahr, etwas zu übersehen. Ein beiläufiger Hinweis am Anfang der Geschichte, lapidar hingeworfen, droht überhört zu werden. Lukas weist auf die Verfolgungssituation unter Herodes hin und erwähnt dabei das Schicksal eines anderen – das des Jakobus: »Er tötete aber Jakobus mit dem Schwert«, heißt es knapp. Mehr nicht als dieser eine Satz über Jakobus.

Wie ausschweifend weiß Lukas von der Rettung des Petrus zu berichten, und wie dürftig fällt dagegen die Erinnerung an das Martyrium des Jakobus aus. Viele Worte über die Rettung und den Sieg – die Niederlage und die Ohnmacht dessen, der nicht errettet wurde, nur am Rande erwähnt. »Die Toten schweigen und werden verschwiegen…«, heißt es in einem Gedicht von Günter Kunert. Fällt es dem Erzähler leichter, den Triumph der Befreiung zu besingen, als über das Leid und das Martyrium zu klagen?

Fragen, die das Schicksal des Jakobus aufwirft, werden verdrängt: Petrus wurde gerettet – warum nicht auch Jakobus? Warum fand sich für Jakobus denn kein Engel, der ihn vor dem Schwert des Herodes bewahrte? Aus der Zuversicht: »Keine Not ist so groß, daß Gott nicht aus ihr helfen könnte« wird unversehens die Klage: »Wie kann Gott das zulassen?« Es brechen Fragen auf, die wir nicht zu beantworten wissen. Ein Abgrund tut sich auf. Die Rettung des Petrus – das Martyrium des Jakobus: sie werden uns beide unbegreiflich. Wo steckt da der Sinn?

Das Schicksal des Jakobus steht für viele – am Rande der Geschichte und am Rande unseres Lebens liegen sie, die kein

Engel rettete: Auschwitz, Gulag, Libanon – es gibt viele Namen für das entsetzliche Leiden der Namenlos-Bleibenden.

Und auch in unserem Alltag bricht der Schrecken ein. Neben uns, bei uns die Wehrlosen und Gescheiterten, denen nicht geholfen wird oder nicht geholfen werden kann, die ein grausamer Tod holt oder die in den Tod gedrängt werden.

So schwer uns die Antworten hier fallen – sollten wir darum aber das Schicksal der Geopferten verdrängen, Jakobus vergessen? Haben wir ein Recht, *nur* noch Rettungsgeschichten zu erzählen?

Es gibt Augenblicke, in denen man angesichts des unbegreiflichen Leidens, angesichts der Ungerechtigkeit und Gewalt, die Hoffnung für diese Welt aufgeben mag und sich der klagenden Stimmung der – eben gehörten – Kantate »Liebster Gott, wann wird' ich sterben?« überlassen möchte.

Rettungsgeschichte, die unsere Trauer verdrängen, die die Erinnerung an die Toten und ihr Elend auslöschen, werden zu bloßen Triumphgesängen, die auftrumpfen, nicht aber trösten. Sie machen nicht Mut, sondern verkommen zu leeren Durchhalteparolen. Trotzige Endsiegstimmung.

Nur wenn die Hoffnung die Trauer nicht verdrängt, kann die Gleichgültigkeit gegenüber denen, die nicht gesiegt haben und nicht siegen werden, einmal enden. Um des Jakobus und der anderen Opfer willen: Hüten wir uns vor einer Theologie *ohne* Tränen. Eine Theologie der Befreiung, wenn sie den Schmerz und die Trauer vergißt, verkommt zur Jubeltheologie, die die Klage der Verzweifelten überschreit.

Soll das nun heißen, daß wir *gar keine* Rettungsgeschichten, die Mut machen, erzählen? Keineswegs. Aber wir sollten uns vor dem ungebrochenen Jubelton hüten. Keine Triumphgeschichten von Siegern. Wir halten die Erinnerung an die Niederlagen wach, wenn wir die Befreiungsnachrichten anders, nicht so glatt, erzählen – vielleicht auch einmal mit einem Schuß Komik.

Unser Predigttext zeigt bei näherem Zusehen einige solcher komischen Züge. Zum Beispiel: wie der schläfrige Petrus vom Engel unsanft geweckt werden muß; wie fürsorglich sich der Engel darum kümmert, daß Petrus sich Gürtel, Schuhe und Mantel anzieht – banaler Alltag in einer Situation, in der es um Leben und Tod geht; oder wie die Magd Rhode vor lauter Aufregung vergißt, das Tor zu öffnen, und Petrus draußen stehenläßt; oder wie sich die Freunde mit Rhode streiten, sie für verrückt erklären und den Petrus weiterklopfen lassen.

Alles in allem: Dies ist keine glatte Geschichte, in der alles wie selbstverständlich auf den Erfolg hinausläuft. Das ist auch keine Geschichte mit großen Helden. Selbst der rettende Engel ist kein würdevolles himmlisches Wesen, sondern einer, der ziemlich deftig-derb mit Petrus umspringt. Und die anderen? *Petrus:* verschlafen, begreift erst ziemlich spät, worum es überhaupt geht. *Rhode:* kopflos, verwirrt, unfähig, das Naheliegende zu tun. *Die Freunde:* begriffsstutzig, kleingläubig, rechthaberisch. – Aus diesem »Stoff« läßt sich keine Heldenstory herstellen. Wir spüren durch die ganze Erzählung hindurch, wie leicht alles auch hätte schiefgehen können.

Das Entsetzen der Freunde, als sie den befreiten Petrus endlich sehen, spiegelt eine Ahnung davon wider, wie sehr die Rettung vom Abgrund des Scheiterns bedroht war. Der Schatten des Jakobus folgt dem Petrus.

Mir scheint: Nur wenn unsere Rettungsgeschichten *nicht* als jubelnde Heldengeschichten erzählt werden, sind wir vor der Lüge gefeit. Vor der Lüge, die das Scheitern und die Gescheiterten vergißt. Nur so geraten wir nicht in jene trostlose Ärmel-hoch-und-Zupack-Mentalität, die das Mitleid, das Mitleiden, unterdrückt. Auch und gerade im Glück der Rettung, die uns widerfährt, sind wir eben keine Helden. Wir nehmen uns eher komisch dabei aus.

Wie also erzählen? Ich denke, einmal so, daß wir bei aller Zuversicht und Hoffnung, die es weiterzugeben gilt, nicht die Trauer verdrängen, unsere Trauer und die anderer. Und zum anderen so, daß wir über widerfahrenes Glück nicht übermütig triumphieren als falsche Helden, sondern bescheiden bleiben. So lernen wir vielleicht, Hoffnung *und* Trauer zusammenzuhalten und zusammen auszuhalten.

Amen.

Eine Abrüstungsgeschichte

Johannes 8,1-11

Liebe Gemeinde, in diesen Tagen ist viel vom Frieden die Rede. Gegen den Krieg wird mobilgemacht. Das ist gut so, denke ich. Aber wir werden Frieden nur haben, »wenn wir den Frieden von Grund auf wollen« (Peter Härtling). Vergessen wir nicht: »Krieg beginnt in uns selber« (Ulrich Greiner). Abrüstung kann nur wirklich gelingen, wenn wir auch in unserem *Herzen*, in unseren *Gedanken* abrüsten.

Um eine solche Abrüstungsgeschichte geht es in unserem heutigen Predigttext. – Den Text dieser lange heimatlos gebliebenen Geschichte finden wir heute eingeschoben ins Johannes-Evangelium, in Kapitel 8,1-11:

> Jesus aber ging an den Ölberg. Am Morgen jedoch fand er sich wieder im Tempel ein, und alles Volk kam zu ihm, und er setzte sich und lehrte sie.
> Da brachten die Schriftgelehrten und die Pharisäer eine Frau, die beim Ehebruch ergriffen worden war, stellten sie in die Mitte und sagten zu ihm: Meister, diese Frau ist auf frischer Tat beim Ehebruch ergriffen worden. Im Gesetz aber hat uns Mose geboten, solche zu steinigen. Was sagst nun du?
> Das sagten sie aber, um ihn zu versuchen, damit sie ihn anklagen könnten.
> Da bückte sich Jesus nieder und schrieb mit dem Finger auf die Erde. Als sie ihn aber beharrlich weiterfragten, richtete er sich auf und sprach zu ihnen: Wer unter euch ohne Sünde ist, werfe den ersten Stein auf sie!
> Und er bückte sich wiederum nieder und schrieb auf die Erde.
> Sie aber gingen, als sie es hörten, einer nach dem anderen hinaus, die Ältesten voran, und er blieb allein zurück mit der Frau, die in der Mitte war.
> Da richtete sich Jesus auf und sprach zu ihr: Weib, wo sind sie? Hat dich niemand verurteilt?
> Sie aber sagte: Niemand, Herr!
> Darauf sprach Jesus: Auch ich verurteile dich nicht; geh, sündige von jetzt an nicht mehr!

Verfolgen wir die Szenen im einzelnen.

Da wird eine Frau in flagranti beim Ehebruch erwischt. Die Pharisäer und Schriftgelehrten, die Wächter über Moral und Religion, führen sie vor.

Das mosaische Gesetz wußte um die Zerbrechlichkeit menschlicher Beziehungen. Es wollte die Ehe, die intime Begegnung zweier Menschen, daher schützen. Die Abschreckung mit der Todesstrafe sollte vor ihrer mutwilligen Zerstörung bewahren. Das Gesetz war um der Menschen willen da, ein Mittel, kein Selbstzweck; ein Mittel, um Leben in Gemeinschaft zu ermöglichen – gegen seine Gefährdungen.

Die Pharisäer kennen das Gesetz. Und jetzt haben sie ihren Fall: die auf frischer Tat ertappte Ehebrecherin. Da ist bei ihnen keine Trauer, kein Schmerz spürbar über mißlungene Gemeinschaft unter Menschen. Sie zerren die Frau hervor, um sie zum Anwendungsfall ihrer Gesetzestreue zu machen. Um des Gesetzes willen entrüsten sie sich, rüsten sie gegen die Ehebrecherin moralisch auf.

Die nächste Szene: Die Sittenwächter schleppen die Frau vor Jesus, den allseits bekannten Lehrer der Barmherzigkeit.

Was wollen sie von ihm? Einen Rat, so scheint es. Wie soll man entscheiden in diesem Fall? »Im Gesetz hat uns Mose geboten, solche zu steinigen. Was sagst nun du?« Aber wollen sie wirklich einen ehrlichen Rat von Jesus? »Das sagten sie aber, um ihn zu versuchen, damit sie ihn anklagen könnten.« Sie kommen in polemischer Absicht. Sie täuschen Jesus die Ehrlichkeit ihrer Frage nur vor.

Sie wollen sein Vertrauen erwecken, um es zu hintergehen. Sie suchen das Gespräch *mit* Jesus, um den Kampf *gegen* ihn führen zu können. Sie benutzen das Gespräch und das Vertrauen als Waffen gegen Jesus. Sie wenden sich ihm zu, um sich abzuwenden. Sie suchen Gemeinschaft mit ihm, um sie zu brechen.

Wie reagiert Jesus? Geht er auf ihre polemische Anfrage ein? Läßt er sich auf einen Streit der Argumente ein?

»Da bückte sich Jesus nieder und schrieb mit dem Finger auf die Erde.« Jesus verhält sich gegenüber den versammelten religiös-moralischen Autoritäten unhöflich. Er antwortet nicht. Er reagiert provozierend frech. Er entzieht sich ihnen, mit einer Geste der Geringschätzung. Er spielt mit dem Finger im Sand.

Die moralische Aufgeregtheit, der polemische Eifer der Pharisäer und Schriftgelehrten, prallt ab, verläuft im Leeren. Jesus bewaffnet sich nicht mit starken schlagenden Argumenten, mit denen er über die anderen die Oberhand gewinnt. Er antwortet mit frech-gelassenem Nichtstun.

Aber es geht weiter. Die moralistischen Eiferer geben nicht nach. Sie drängen auf Antwort. Sie wollen Jesus festnageln, um ihn hereinlegen zu können.

Und nun antwortet Jesus. Aber er begegnet den polemischen Fragern nicht auf derselben Ebene. Er sucht nicht nach jener schlagenden Antwort, die die anderen zwingt, ihm klein beizugeben. Jesus antwortet nicht, daß sie sich selber die Antwort geben. Er appelliert an ihre Selbsterfahrung und ihre Selbsterkenntnis.

»Wer ohne Sünde ist, der werfe den ersten Stein.« »Findet das Urteil, indem ihr über euch selbst urteilt.« Die moralische Aufrüstung gegen andere wird hinfällig, wenn wir uns unserer eigenen Nacktheit bewußt werden.

Jesus durchbricht die tödliche Logik der Verurteilung anderer. Und Jesus tut diese nicht, indem er die Pharisäer verurteilt. Jesus richtet sie nicht, sondern er spricht so mit ihnen, daß er an ihre eigene Selbsterkenntnis und Selbstverantwortung appelliert.

Und nun folgt der unglaubliche, fast märchenhafte Zug der Geschichte: Die eifernden Sittenwächter lassen sich entwaffnen. Sie folgen dem Appell zur Selbsteinsicht. Sie zeigen sich beschämt und ziehen davon: »die Ältesten voran«. Sie lassen ab von ihrer Verfolgungswut, gegen die Ehebrecherin und gegen Jesus. Sie lassen beide in Frieden.

Wo, frage ich, hat es das gegeben, wo gibt es das, daß die Mächtigen, die Moral und Gesetz auf ihrer Seite wissen, in sich gehen, zur Selbstprüfung bereit sind, fähig, sich zu schämen – und aus Scham ablassen von der gesetzestreuen Verfolgung anderer Menschen?

Sich im Recht zu wissen, die Moral auf seiner Seite zu haben, das ist der stärkste Panzer gegen Selbstzweifel und Selbsteinsicht. Die Macht der Moralisten liegt gerade in dieser Schamlosigkeit.

Aber in unserer Geschichte zeigen die Sittenwächter sich beschämt. Sie gehen, weil Jesus' Appell sie getroffen hat. Ihr stilles Gehen ist beredt. Sie bekennen, daß auch sie nicht ohne Sünde sind.

Aber welcher Sünde haben sie sich denn schuldig gemacht? Sollen wir annehmen, daß es sich bei diesen hohen Herren insgeheim um die Versammlung von Ehebrechern und sexuellen Verführern handelt? Wohl kaum. Die Geschichte sagt jedenfalls nichts darüber. Und so sollen auch wir keine unbeweisbaren Vorurteile gegen sie hegen.

Und doch hat ihre Sünde mit der der Ehebrecherin zu tun! Auch sie haben die Gemeinschaft mit Menschen zerstört, Vertrauensbruch begangen. Ihr moralischer Verurteilungseifer gegen die Frau und ihre polemische Hinterlist, mit der sie zu Jesus kamen, zeigt nur eines: Mit denen, die anders sind als sie, wie die Ehebrecherin und Jesus, können und wollen sie keinen Frieden schließen. Sie rüsten gegen sie auf. Moralische gegen die Frau, mit Hilfe der tödlichen Härte des Gesetzes, das ihnen zur Waffe wird; theologisch gegen Jesus, den sie in einen Streit verwickeln wollen, in dem es *nicht* um die Erkenntnis der Wahrheit geht, sondern um die Vernichtung des Gegners.

Ihre Sünde ist die Unfähigkeit zur Gemeinschaft mit denen, die anders sind. Ihre Sünde ist die Verweigerung von Liebe zum anderen.

Jesus verhält sich anders. Wir kommen zum zweiten Höhepunkt der Geschichte, der Begegnung mit der Ehebrecherin.

Jesus rüstet gegen sie nicht moralisch auf, sondern ab. Er, von dem es heißt, daß er gekommen sei, nicht um zu richten, sondern zu retten, wendet sich der Ehebrecherin zu, beginnt ein Gespräch mit ihr. Er läßt *sie* reden. Er führt sie nicht vor. Er urteilt nicht *über* sie. Und schließlich: Er verurteilt sie ausdrücklich nicht. Obwohl er doch, wenn überhaupt einer, ein Recht dazu hätte – wer ohne Sünde ist, der werfe den ersten Stein!

Aber Jesus wirft nicht mit Steinen. Er will retten, helfen, nicht richten. Er macht von seinem Recht keinen Gebrauch. Gerade durch diesen Machtverzicht aber gewinnt Jesus die Anerkennung bei der Ehebrecherin. Sie redet ihn mit dem Ehrentitel: Kyrie, Herr, an.

Nur der, der nicht Herr sein will, verdient, mit Herr angeredet zu werden. Das ist freilich nicht nach der Logik unserer Welt. Insofern ist Jesus wirklich einer, der nicht von dieser Welt war.

Jesus verurteilt nicht. Spätestens hier setzt nun bei vielen das große Aber ein. Irritation und Unbehagen machen sich breit. Soll das denn heißen, daß alle moralischen Urteilsmaßstäbe fallen? Ist diese Geschichte denn ein Freibrief für alle Sünder und Sünden?

Jesus teilt diese Ängstlichkeit nicht. Er verurteilt die Ehebrecherin nicht. Aber er hebt damit das Urteilen, das Unterscheiden zwischen Gut und Böse nicht auf. Jesus entläßt die Ehebrecherin ins Leben – und indem er das tut, fordert er sie zugleich auf: »Sündige von jetzt an nicht mehr.«

So, wie er an die Selbsterkenntnis der *Pharisäer* appelliert hat, spricht er jetzt die *Ehebrecherin* auf ihre Selbstverantwortung an. Indem er ihr diese zutraut, ermöglicht er ihr Leben, eröffnet er ihr Zukunft.

Diese Kraft, neues Leben zu schaffen, hat die moralisch aufgerüstete Verurteilung anderer nicht. Sie kann nur Tod bringen.

Ich möchte zum Schluß zu einem Gedankenexperiment anregen: Wie würde unsere Geschichte wohl verlaufen, wenn heute – sagen wir – ein Kreis verantwortlicher Kirchenleute zu einem wiedererschienenen Jesus käme, um ihm einen vergleichbaren Fall zu präsentieren? Es muß nicht eine Ehebrecherin sein, aber ein Verhalten, das ihre moralische Entrüstung herausfordert: Vielleicht ein Paar, das ohne Trauschein zusammenlebt, oder ein Homosexueller.

Eine Alternative zu dem Verhalten der Pharisäer in unserer Geschichte, die beschämt abziehen und von ihrem Verurteilungswunsch ablassen, hat Dostojewski mit seinem Großinquisitor gezeichnet: »Warum bist du gekommen, uns zu stören?« läßt er den Kirchenfürsten zum wiedergekommenen Jesus sagen.

Das Ende der Geschichte, die wir – hier und heute – leben, ist offen. Ob Abrüstung gelingt, die äußere wie die innere, hängt davon ab, ob wir uns stören lassen von Jesus.

Amen.

Gefängnis und Alltag oder: Was unsere Fesseln löst

Philipper 3,3-11

Liebe Gemeinde, ein Mann sitzt im Gefängnis. Nicht weil er ein gewöhnlicher Krimineller ist, sondern wegen der »Sache«, für die er sich überall einsetzt. Das stört.

Dieser Mann schreibt nun Briefe, nach draußen. Was mag solch ein Mann an diesem Ort denken, welche Gefühle bewegen ihn? Wir haben vielleicht Schwierigkeiten, uns in diesen Mann hineinzuversetzen. Gefängnis, Menschen im Gefängnis, Briefe aus dem Gefängnis – das gehört kaum zu unserem Alltag. Jedenfalls nicht in unseren Breiten und zu unseren Zeiten, nicht hier und heute.

Für unseren Alltag ist das Gefängnis ein fremder Ort, fern und abseits. Aber wir wissen, dies ist ein düsterer Ort der Unfreiheit und der Enge. Und diese Stimmung wird sich, so können wir annehmen, in Briefen aus dem Gefängnis niederschlagen. Wir wollen sehen.

Unser Mann heißt Paulus. Er schreibt einen Brief an eine Gemeinde, an die in Philippi. Der Anfang dieses Briefes ist unser heutiger Predigttext. Das Besondere daran wird nun erst deutlich, wenn wir diesen Text *mit* der Situation zusammenlesen, in der er geschrieben ist. Halten wir uns also ein Gefängnis vor Augen, wenn wir jetzt die Anfangssätze dieses Briefes hören.

Paulus schreibt:

> »Ich danke meinem Gott, sooft ich euer gedenke – was ich allezeit tue in allen meinen Gebeten für euch alle, und ich tue das Gebet mit Freuden –, für eure Gemeinschaft am Evangelium vom ersten Tage an bis heute, und ich bin darin guter Zuversicht, daß der in euch angefangen hat das gute Werk, der wird's auch vollenden bis an den Tag Christi Jesu.
> Wie es denn recht und billig ist, daß ich so von euch allen denke, weil ich euch in meinem Herzen habe, die ihr alle mit

mir an der Gnade teilhabt in meiner Gefangenschaft und wenn ich das Evangelium verteidige und bekräftige. Denn Gott ist mein Zeuge, wie mich nach euch allen verlangt von Herzensgrund in Christus Jesus.
Und ich bete darum, daß eure Liebe immer noch reicher werde an Erkenntnis und aller Erfahrung, so daß ihr prüfen könnt, was das Beste sei, damit ihr lauter und unanstößig seid für den Tag Christi, erfüllt mit Frucht der Gerechtigkeit durch Jesus Christus zur Ehre und zum Lobe Gottes.«

Lassen wir uns nicht von der Sprache täuschen. Das klingt zuerst wie viele der »kirchlichen Lesungen«, die wir gewohnt sind, die uns aber nicht besonders aufhorchen lassen. Ich denke aber, dieser Text ist erstaunlich, erstaunlich in seiner Situation.

Beim zweiten Lesen fällt mir einiges auf, was mich überrascht und mich nachdenklich stimmt. Was?

Zuerst: die Stimmung, der Ton in diesem Briefanfang. Es klingt hell, nicht dunkel. Dur, nicht Moll. Nichts Niedergedrücktes, Klagendes oder Resignierendes, nein: Dank und Freude bringt der, der im Gefängnis sitzt, überschwenglich zum Ausdruck. »Ich danke meinem Gott, sooft ich euer gedenke«, setzt Paulus ein und steigert noch im selben Atemzug diese Bekundung seines Dankes: »... was ich *allezeit* tue in *allen* meinen Gebeten für euch alle ...« Und gleich darauf versichert er, daß er dieses Dankgebet *mit Freuden* verrichtet. Und er schließt diesen ersten Satz mit dem Ausdruck seiner *»guten Zuversicht«*.

Dank, Freude, Zuversicht: Diese Stimmung – die auch unsere Kirchenmusik und Lieder in dem heutigen Gottesdienst durchzieht –, diese Stimmung ist das für mich überraschende Leitmotiv, mit dem dieser Gefängnisbrief einsetzt.

Wofür dankt Paulus Gott, worüber freut er sich? Es sind die Menschen der Gemeinde in Philippi. Und dies ist nun das nächste, was ich erstaunlich finde. In der Enge des Gefängnisses geht der Blick nach draußen, zu den anderen. Paulus beschäftigt sich nicht mit *seinem* Problem, sondern nimmt zuerst und vor allem die anderen in Philippi wahr.

Aufhorchen läßt mich nun aber vor allem, *wie* Paulus an die anderen in der Gemeinde denkt. Paulus, diese Autorität, spricht hier voller Gefühle, ja fast zärtlich. »Ich habe euch in meinem

Herzen«, versichert er ihnen und beteuert, wie sehr er sich nach ihnen sehnt: »Denn Gott ist mein Zeuge, wie mich nach euch allen verlangt von Herzensgrund in Christus Jesus.«

Mit welcher Offenheit und Herzlichkeit Paulus hier, der Gefangene, auf die anderen zugeht, ohne Vorbehalte, kritisches Wenn und Aber. Er spürt Sehnsucht nach den Menschen der Gemeinde, sie sind ihm wichtig, für sie dankt er Gott – nicht für diese oder jene Leistung, sondern für sie selber, ihre christliche Gemeinschaft.

Halten wir uns diesen Kontrast vor Augen:

Da sitzt einer in Haft, eine ungewisse Zukunft vor Augen – Paulus denkt auch an einen möglichen Tod –, und in dieser dunklen Stunde des Lebens spricht er fast emphatisch von Dank und von Freude.

Da ist einer unfrei, in der Enge einer Gefängniszelle – und hier schließt sich sein Herz auf, öffnet sich den anderen, gibt seine Gefühle frei und spricht ungehemmt von seiner Sehnsucht nach ihnen.

Kann man das, darf man das? In Zeiten der Angst und Gefährdung – danken, sich freuen? Kann man das, darf man das? So vorbehaltlos, so voller positiver Gefühle auf andere zugehen – Gott für die Menschen, ohne Einschränkung, so begeisternd danken? Kritiklos?

Zuerst zum letzten: Entweder müssen die Menschen in der Gemeinde von Philippi ideal gewesen sein, oder Paulus' Blick ist getrübt und verschließt sich vor der Wirklichkeit, mag mancher denken, der an unsere Kirche heute und unsere Gemeinden denkt. Aber sind Dank, Freude und herzliche Zuwendung zu den Menschen notwendig blauäugig, das Gegenteil von Kritik?

Paulus beendet seine Grußworte mit einer Bitte: »Ich bete darum«, so schreibt er, »daß eure Liebe immer noch reicher werde an Erkenntnis und aller Erfahrung.« Da wird also nicht idealisiert und geschönt. Die Liebe kann *wachsen*. Es gibt noch und mehr zu lernen und neue Erfahrungen zu machen.

Aber: Paulus' Worte sind aufbauend, nicht niederdrückend. Zuvor kommt der Dank, die Freude über die anderen zum Ausdruck, die Zuversicht, das Vertrauen in sie. Er traut ihnen zu, was er von ihnen erwartet und für sie erbittet. Er mäkelt nicht an ihnen herum, macht nicht diese oder jene Vorschrift, rechnet nicht kleinlich vor.

Seine Erwartung, seine Bitte an sie, ist großzügig. Er läßt ihnen Freiheit, mutet ihnen Selbständigkeit zu: »Ich bitte darum, daß eure Liebe immer noch reicher werde an Erkenntnis und aller Erfahrung«, sagt Paulus und zählt nun nicht einzelne Maßregeln auf, sondern fährt mit gelassener, vertrauensvoller Geste fort, »so daß *ihr* prüfen könnt, was das Beste sei.«

Er überläßt es ihnen – und traut es ihnen zu, zu prüfen, was das Beste sei. Paulus, diese Autorität der Kirche, hier als sanftmütiger Pädagoge des Vertrauens, des Lassen-Könnens.

Aber kehren wir noch einmal zurück zu unserem Ausgang. Herzlichkeit, dankbare Freude, gelassene Großzügigkeit – und das alles in der Situation des Gefängnisses. Dieser Kontrast ist es, den ich erstaunlich finde. Ist das seine eigene Tapferkeit? Nein, Paulus dankt Gott. Seine gelassene Freiheit – im Gefängnis – kommt aus dem Glauben. Freude – Demut, sind sie möglich – trotz oder wegen des Gefängnisses? Er spricht von der »Gnade« seiner Gefangenschaft. Das ist keine Märtyrergeste, Leidverklärung.

Gefangenschaft als Gnade? In dieser Grenzsituation wird spürbar, wie befreiend Glaube sein kann. Ist das nicht Gnade, *so* zur Dankbarkeit und Freude fähig zu sein? Ist das nicht Gnade, *so* herzlich und liebevoll-offen auf andere zugehen zu können? Ist das nicht Gnade, *so* gelassen und großzügig sein zu können?

Ich blicke in meinen Alltag. Begegnen wir uns hier mit einer ähnlich freien, offenen Herzlichkeit? Trauen wir einander etwas zu? Ginge es uns leicht von den Lippen, zu sagen: »Ich danke Gott, sooft ich an euch denke«?

Könnte es nicht sein, daß *wir* in einem »Gefängnis« sitzen, aus dem wir nicht herauskommen? Könnte es nicht sein, daß wir uns im Alltag fesseln lassen, unsere Gefühle, unsere Freude, unseren Dank, unsere Liebe?

Aber vielleicht geschieht das Paradoxe – daß wir mit dem Blick dessen, der im Gefängnis sitzt, uns von den Fesseln des Alltags lösen. Vielleicht öffnet *sein* – ungewöhnlich *befreiender* – Glaube an diesem fremden Ort – abseits des Alltags – uns die Augen im Alltag. Erfahren wir nicht gerade von Menschen, die an solche Orte außerhalb unseres Alltags geraten – sei es Gefängnis (denken wir nur an Bonhoeffers Briefe kurz vor seiner Hinrichtung), sei es Krankheit oder anderes, wie sich ihre Sicht aufs Leben klärt und wandelt, wie sich die Gewichte verschieben, wie das, was wesentlich und unwesentlich ist, neu bestimmt wird? Das könnte befreiender Glaube sein: von außerhalb auf unseren Alltag blicken. Darin kann Gnade liegen, die unsere Verstrickungen, Verkrampfungen im Alltag löst.

Lassen wir uns an diese Orte locken. Lassen wir uns von Paulus im Gefängnis anstecken. Anstecken z.B. zu Dank, Freude und Großzügigkeit. Nach jener Melodie, die in der Kirchenmusik heute angeklungen ist.

Zum Abschluß: Wir feiern nächste Woche das Reformationsfest. Ich wünsche mir für die immer zu reformierende Kirche einiges, zum Beispiel eine Hinwendung zu Paulus; zu Paulus, dem Gefühlvollen, dem Herzlichen, dem Sehnsüchtigen, dem Großzügigen …

Und vielleicht lesen wir dann auch einmal Briefe von Kirchenleitungen, Pfarrern und anderen … an *alle* Mitglieder unserer Volkskirche, die etwa so anfangen: »Ich danke meinem Gott, sooft ich euer gedenke … ich habe euch alle in meinem Herzen …. Denn Gott ist mein Zeuge, wie mich nach euch allen verlangt von Herzensgrund in Christus Jesus.«

Amen.

Unter dem Pflaster liegt der Strand

Matthäus 22,2-14

Liebe Gemeinde, wie sieht gelingendes Leben aus? Was heißt Leben in Fülle? Wir geraten leicht ins Stottern, wenn wir das beschreiben sollen. Nun, wir haben Namen und Begriffe dafür: Reich Gottes, sagen wir, oder Himmelreich. Aber wird es jetzt konkreter? Was soll das sein, das Himmelreich? Was versprechen wir uns, wenn wir uns den Himmel auf Erden wünschen? Wohl kaum die Geigen, von denen der Himmel angeblich vollhängt. Oder die Seligkeit, die man im siebten Himmel fühlt.

Definitionen helfen uns selten weiter. Wenn es darum geht, worauf mein und dein Leben hinauswill, wo und wie es Erfüllung findet, dann laufen Begriffe ins Leere und verfangen nicht. Wir brauchen Bilder und Geschichten, in die der, der sie spricht und hört, verstrickt wird.

Darum erzählt das Neue Testament Gleichnisse, wenn es vom Himmelreich redet. Zum Beispiel das Gleichnis vom Hochzeitsmahl.

Wir hören die Fassung bei Matthäus:

> »Das Himmelreich gleicht einem König, der seinem Sohn die Hochzeit ausrichtete. Und er sandte seine Knechte aus, Gäste zur Hochzeit zu laden; doch sie wollten nicht kommen. Abermals sandte er andere Knechte aus und sprach: Sagt den Gästen: Siehe, meine Mahlzeit habe ich bereitet, meine Ochsen und mein Mastvieh geschlachtet, und alles ist bereit; kommt zur Hochzeit! Aber sie verachteten das und gingen weg, einer auf seinen Acker, der andere an sein Geschäft. Einige aber ergriffen seine Knechte, verhöhnten und töteten sie.
> Da wurde der König zornig und schickte seine Heere aus und brachte diese Mörder um und zündete ihre Stadt an. Dann sprach er zu seinen Knechten: Die Hochzeit ist zwar bereit, aber die Gäste waren's nicht wert. Darum geht hinaus auf die Straßen und ladet zur Hochzeit ein, wen ihr findet. Und die Knechte gingen auf die Straßen hinaus und brachten zusammen, wen sie fanden, Böse und Gute; und die Tische wurden alle voll. Da ging der König hinein, sich die Gäste anzusehen, und sah

da einen Menschen, der hatte kein hochzeitliches Gewand an, und sprach zu ihm: Freund, wie bist du hier hereingekommen und hast doch kein hochzeitliches Gewand an? Er aber verstummte. Da sprach der König zu seinen Dienern: Bindet ihm die Hände und Füße und werfet ihn in die Finsternis hinaus! Da wird Heulen und Zähneklappern sein. Denn viele sind berufen, aber wenige sind auserwählt.«

Der erste Eindruck beim Hören dieses Gleichnisses hinterläßt Enttäuschung. Das soll das Himmelreich sein?

Was sich aufdrängt und einprägt, sind keine schönen, angenehmen Bilder. Kurz erwähnt wird eine Hochzeitsfest und eine anscheinend üppig zubereitete Mahlzeit. Aber drumherum wenig Erfreuliches, ja viele Grausligkeiten: arrogante Gäste, Verhöhnung, Mord, Krieg, Brandschatzung, Zerstörung, nochmals böse Gäste aus dem Straßenvolk, am Ende Fesselung eines Gastes und Hinauswurf in eine schaurige Finsternis. Dies alles unter der Überschrift »Wem das Himmelreich gleicht …«

Nein, das klingt wohl eher wie die täglichen Schlagzeilen unserer Wirklichkeit; und in der Tat hat Matthäus geschichtliche Erfahrungen verarbeitet wie die Zerstörung Jerusalems.

Unsere Erwartung ist enttäuscht. Wir glauben einen Aus- und Vorblick aufs Himmelreich zu bekommen und halten eher Rückblick auf die Realitäten unseres Lebens.

Enttäuschungen können aber produktiv sein. Wenn sie aufklären helfen, wo wir uns täuschen – über uns und unsere Erwartungen. Vielleicht ist es ja eine Illusion zu glauben, das Himmelreich habe mit unserer Realität nichts zu tun. Aber wie?

Sehen wir uns nun das Gleichnis näher an, fällt eine zweite Irritation auf. Die so realistisch wirkenden Elemente Arroganz, Mord, Krieg usw. tauchen gerade an den Stellen im Ablauf der Geschichte auf, wo wir sie nicht erwarten würden, wo sie uns vielmehr ausgesprochen unrealistisch erscheinen. Wer erwartet schon, daß alle eingeladenen Gäste arrogant absagen? Ist es etwa üblich, den Boten einer Einladung zu ermorden? Ist es alltägliche Erfahrung, daß das Pack von der Straße in den Sälen der Reichen feiert?

Das Himmelreich erscheint wie ein Vexierspiel: erst enttäuschend realistisch, dann grotesk unrealistisch. Sollte etwa Absicht in der Methode sein?

Vielleicht schützt sich das Himmelreich durch dieses Vexierspiel davor, daß wir uns seiner durch falsche Eindeutigkeiten bemächtigen, davor, daß wir dem Himmel die Geigen lassen und der Erde das Blut und die Tränen. Das Gleichnis beschreibt das Himmelreich, indem es uns unseren Alltag vorführt, aber auf irritierende Weise, verfremdet, nicht bestätigend. Denn was für sich durchaus realistisch und alltäglich scheint,wirkt hier im Zusammenhang, im Kontext des Festes, plötzlich befremdlich.

Das Gleichnis erklärt das Himmelreich, indem es zugleich unseren Alltag aufklärt. Wir nähern uns dem Himmelreich nicht im direkten Zugriff. Das Gleichnis malt das Hochzeitsmahl selbst nicht breiter aus. Die Aufmerksamkeit richtet sich vor allem auf die widrigen Umstände, die ihm im Wege stehen, und diejenigen, die dieses Fest verfehlen. Auf Umwegen müssen wir uns dem Himmelreich nähern, also von der Frage her, wie man das Himmelreich verfehlt, wo es nicht ist.

1. Sehen wir uns die erstgeladenen Gäste näher an. Mit welchen Begründungen lehnen sie ab?

Matthäus sagt, daß der eine auf seinen Acker, der andere an seine Geschäfte ging. Lukas nennt noch soziale Verpflichtungen, das Thomas-Evangelium konzentriert sich auf ökonomisch-merkantile Interessen. Das sind mehr als Vorwände oder zufällige Entschuldigungsgründe. Dahinter steckt eine Lebenseinstellung. Eine Lebenseinstellung, dessen Muster uns nicht fremd ist. Akker, Geschäft: Es geht um die Absicht, sein Leben zu sichern. Es geht um die Sorge für beruflichen Erfolg und soziale Anerkennung. In dieser Sorge verkrampft sich das Leben.

Beherrscht von den Imperativen der Karriereplanung und Erfolgssicherung, bleibt Leben eingesperrt. Es kann sich nicht lösen, weil man nicht loslassen kann. Die Angst treibt, keine Zeit zu verlieren.

Ich finde eine erste Spur: Die Alltagssorge macht blind fürs Himmelreich. Wer das Leben sichern will, grenzt es aus. Und umgekehrt: Himmelreich, das ist das Fest der Entsorgung, Entsicherung und Entgrenzung.

2. Das königliche Angebot eines üppigen Festes ist für die Ersteingeladenen unannehmbar. Es erscheint ihnen wohl unseriös. Wer Erfolg haben will, muß aufschieben können. Sammeln, in-

vestieren, vermehren, nicht aber verschwenden und verausgaben. Feste müssen im Rahmen bleiben, im Rahmen berechneter und berechnender Gegenseitigkeit. Wer sich der Ordnung dieser kalkulierten Entsagung entzieht, wer feiert, wo es zu arbeiten gilt, provoziert die Wut derer, die sich die Versagungen auferlegen.

»Aber sie verachteten das …« heißt es weiter und: »Einige aber ergriffen seine Knechte, verhöhnten sie und töteten sie.« Einige Ausleger vermuten, daß die Gäste nur später kommen wollten, nicht überhaupt nicht. Das ändert an der Logik dieses Lebensmusters nichts, sondern bestätigt es.

Später: Das Leben findet später statt. Erst wenn dies und das erreicht ist, dann … Das Leben wird vertagt. Ich finde eine zweite Spur: Wer aufschiebt, verfehlt das Himmelreich. Und umgekehrt: Das Himmelreich ist das Fest der Verausgabung und Verschwendung.

3. Eine dritte Beobachtung: Die ablehnenden Gäste und der eine Gast ohne Festgewand gleichen sich in einem Punkt. Sie verweigern Kommunikation und Gemeinschaft.

Die mit ihrem beruflichen Fortkommen Beschäftigten halten den, der sie einlädt, keiner Antwort für würdig. »Aber sie verachteten das und gingen weg.« Der Kommunikationsabbruch hat tödliche Folgen: Verhöhnung und Mord. Wo nicht miteinander gesprochen wird, herrscht Tod.

Und der Gast, der sich durch sein fehlendes Festgewand absondert von den Feiernden, verweigert auch das Gespräch. Dem fragenden König, der ihn mit »Freund« anredet und verstehen will, warum er kein festliches Gewand anhat – verweigert er eine Antwort. Er schwieg, verstummte und ließ sich nicht in ein Gespräch ein.

Meine dritte Spur: Wo Gespräch und Verständigung behindert werden, wird das Himmelreich verfehlt. Und umgekehrt: Das Himmelreich ist das Fest der Kommunikation und der Gemeinschaft.

Aber das Himmelreich wird nicht nur verfehlt. Das Hochzeitsfest findet statt. Darin liegt ja die Pointe des Gleichnisses.

Trotz allem: Das Fest läßt sich nicht verhindern. Die Tische werden voll. Es wird gefeiert. Und wie? Nachdem wir die Umwege gegangen sind, blicken wir nun direkt auf das Hochzeitsmahl.

Wer feiert da? Das Volk von der Straße. Lukas wird noch konkreter. Arme und Behinderte. Diejenigen kommen in den Festsaal, die am wenigsten damit rechnen konnten. Von der Straße weg zum Fest: Es sind die, die keine Verpflichtungen und Alltagsroutinen hindern und fesseln. Es sind die, die die Gemeinschaft nicht verachten, die sich nicht abgrenzen und ausgrenzen, sondern Gute und Böse untereinander ertragen. Das Straßenvolk feiert das Hochzeitsmahl.

Mitten im Betrieb des Alltags kann nicht gefeiert werden. An den Rändern und Zäunen des Alltags aber bricht die Feststimmung aus, Leben beginnt. Das Himmelreich liegt auf der Straße. Keine vertröstende Fata Morgana. Und nicht die in Aussicht gestellte Prämie für den, der immer strebend sich bemüht.

Das Himmelreich ist mitten unter uns. Von der Straße weg in den Festsaal. »Unter dem Pflaster liegt der Strand.« Leben kann gelingen, wenn wir die Pflastersteine und Mauern abräumen, die uns den Blick verstellen: Im Saal des Königs wird getanzt und gelacht, noch immer.

Ja, aber, sagen jetzt die Zweifler und die Realisten, dies Leben hier, dies ist noch nicht das Himmelreich. Und sie haben recht.

»Schon jetzt und doch noch nicht« – das gilt vom Himmelreich. Und wir spüren den bitteren Geschmack der Wirklichkeit, wir spüren die Enttäuschung, die uns der erste Eindruck vom Gleichnis des Matthäus hinterlassen hat. Wie gehen wir damit um?

Mag zwar das Fest auch stattfinden, es bleibt der Schrecken über diesen König. Wir haben nicht vergessen, daß er aus Zorn und Rache die Gäste, die nicht kommen wollten, vernichten ließ und dazu auch ihre Stadt. Und im Ohr ist noch der Ausklang der Geschichte. Das war kein Festgesang. Heulen und Zähneklappern hören wir. Nicht der festlich erleuchtete Saal, sondern die Finsternis draußen.

Ist also das Gleichnis von der königlichen Hochzeit weniger eine frohe Botschaft als ein Drohwort? Auch wenn wir uns weigern mögen, in diesen König das Bild Gottes hineinzulesen – die Spannung bleibt: Tod und Leben, Gnade und Gericht, Himmel und Hölle sind hier nah beieinander, erschreckend nah. Wir spüren einen unerbittlichen Ernst.

Wo das Gelingen des Lebens auf dem Spiel steht, gibt es keine »halben Sachen«. Sicherheitsstreben *ist* tödlich, privat und politisch. Wer nicht loslassen kann,verliert sich. Verweigerung von Kommunikation und Gemeinschaft *ist* tödlich. Einen Weg dazwischen gibt es nicht. Auch der Mittelweg bringt nur den Tod – das ungelebte Leben. Das ist keine Strafpädagogik, die mit zukünftigen Strafen droht. Das ist Aufdeckung der Wahrheit gelingenden Lebens. »Die Hölle – das sind wir« – es sei denn, wir glauben der noch unmöglichen Möglichkeit des Himmelreiches, daß Leben gelingt. Insofern ist das Gleichnis vom Himmelreich nichts anderes als der Bußruf. Und der Bußruf ist nichts anderes als die Einladung ins Himmelreich.

Wir wollen die Sorgen der Anpassung verlieren. Wir wollen uns verschenken, verschwenden und verausgaben. Wir wollen Gemeinschaft ohne Grenzen. Verschieben wir das Leben nicht auf morgen. Unter dem Pflaster liegt der Strand. »Kommt, denn es ist alles bereit«, spricht der Herr. Amen.

Fürbitten

Herr, wir danken dir.
Deine Einladung gilt.

Du schenkst uns Freiheit.

Führe uns heraus
aus der Enge unserer Sorge und
Sicherheitsängste.

(Wir rufen dich an:)

Herr, wir danken dir.
Deine Einladung gilt.

Du schenkst uns Liebe.

Führe uns heraus
aus dem Zwang des Habens und Behaltens.

(Wir rufen dich an:)

Herr, wir danken dir.

Deine Einladung gilt.

Du schenkst uns Gemeinschaft.

Führe uns heraus
aus unserer Sprachlosigkeit und
Vereinzelung.

(Wir rufen dich an:)

Das wird ein Fest sein.

(Rose Ausländer: Sabbat II)

Heute ist
die Haut der Erde
zart

das Messer schläft
das Feuer schläft

Am Scheitel der Mutter
der Friedensengel
bewacht das Haus

Weißbrot und Wein
Gast
unser König

Wir singen
den siebenten Tag
wir rühmen die Ruh

Das wird ein Fest sein.

Laß uns Boten dieses Festes sein.

Boten für alle,
vor allem für die,
die im Abseits stehen.

Amen.

Werdet Bedürftige

Kolosser 4,2-4 (5-6)

> »Seid beharrlich im Gebet und wacht in ihm mit Danksagung. Betet zugleich auch für uns, daß Gott uns eine Tür für das Wort auftue und wir das Geheimnis Christi sagen können, um dessentwillen ich auch in Fesseln bin,
> damit ich es offenbar mache, wie ich es sagen muß.
> (Verhaltet euch weise gegenüber denen, die draußen sind, und kauft die Zeit aus.
> Eure Rede sei allezeit freundlich und mit Salz gewürzt, daß ihr wißt, wie ihr einem jeden antworten sollt.)«

Liebe Gemeinde! »Seid beharrlich im Gebet, betet ohn Unterlaß« – ein Satz, der harmlos einfach klingt, ein Satz, der uns, würden wir ihn ausloten und ernst nehmen, in tiefe Ratlosigkeit stürzen müßte.

Wer könnte denn sagen, daß er es tut: beharrlich beten, ohne Unterlaß, fortwährend, ohne Unterbrechung, nur beten, nichts als beten? Da läßt sich nichts abhandeln! Nicht um ein paar mehr Gebete geht es, nicht die Belebung von Sitten und Bräuchen tut's, das Gebet vor der Suppe und nach dem Dessert etwa oder das ministeriell diktierte Beten vor Zinsrechnung oder Heimatkunde. Nein, betet beharrlich, ohne Unterlaß. Nicht: dies (und das) tun *und* dann (und wann) beten, sondern: Betet beharrlich, betet ohne Unterlaß.

Beten *und* Handeln. Auf dieses Arrangement mögen wir uns einlassen, denn immerhin scheinen Beten und Handeln besser als Beten statt Handeln. Brechts stumme Kattrin, die, sich selbst aufgebend, handelte und die Stadt mit ihrem Trommeln rettete, während ihre Familie, sich bewahrend, nur betete, ist uns zur Mahnung geworden.

Beten *und* Handeln – aber paßt das zum »Betet ohne Unterlaß«? Was soll das »und« zwischen Beten und Handeln? Was schiebt sich dazwischen? Der Teufel steckt im Detail, manchmal im »und«.

Fatal wird's, wenn das »und« zur Trennung führt. Das hat's gegeben – und darin stecken die Hypotheken, mit denen das

Beten bis heute belastet ist. Das »und«, das trennt und nicht verbindet. Da beten sie – und dann ziehen sie in den Kampf, die Hände, eben noch verschränkt, ergreifen die Schwerter, und sie töten, und dann, nach dem Sieg, falten sie wieder die Hände und beten. Beten und Handeln, Handeln und Beten. Da weiß die Linke nicht, was die Rechte tut.

Was hat sich nicht alles *ans* Beten gefügt, was sich *ins* Beten nicht fügen würde. Beten und Handeln – das kann ein Rhythmus sein, der gut zur Melodie dieser Welt paßt. Nichts stört: Business als usual.

Bonhoeffer hat darum das »und« von seiner schillernden Zweideutigkeit zu lösen versucht und weniger mißverständlich »vom Beten und vom Tun des Gerechten« gesprochen. Beten und Handeln nicht auseinanderhaltend, sondern zusammenrückend.

Noch deutlicher aber hat Luther Beten und Handeln zusammengebracht. Nichts, was der Glaube tut, ist außerhalb des Betens, denn – fragt Luther: »Was ist der Glaube anders als eitel Gebet?« Nicht dann und wann beten, sondern die Existenz im Glauben selber ist Gebet. Betet ohne Unterlaß – das ist das Ende der Trennung, kein »statt« und kein »und« mehr. Nicht mehr beten und handeln, sondern »betend handeln«, als Betende handeln.

Was aber meint dann Beten? Betend handeln – wie geht das zusammen, ohne daß das eine das andere ersetzt? Wie sollen wir beten und was?

Das nicht zu wissen, nicht zu können, ratlos zu sein, das ist der Anfang des Betens. Und nichts trennt uns mehr von denen da draußen, die ratlos sind, daß und wie Christen beten. Schon die Jünger wußten's nicht und Paulus auch nicht. »Denn wir wissen nicht, was wir beten sollen, wie sich's gebührt.« (Röm 8,26)

Den Kolossern wird ein Hinweis gegeben, wie sich das vollziehen läßt – beharrlich im Gebet sein. »Seid beharrlich im Gebet« – und so wird erläutert: »Wachet in ihm mit Danksagung.« Beten heißt also: wachsam sein und dankbar, und zwar zugleich – wie kann das gehen?

»Seid *wachsam*« – verschließt nicht die Augen, guckt hin! Schlaft nicht, wenn der andere Todesangst leidet – wie in Gethsemane. Schließt nicht die Augen vor dem, was ihr seht oder sehen könntet: Hunger und Folter. Wer wacht, sieht der Wirklichkeit ins Angesicht, sieht die Tränen, die geweint werden.

Und das Gebet in der Wachheit wird zur *Klage*. Die Wachheit aushaltend, sehenden Auges, lernt der Beter einzustimmen in jenes Gebet, mit dem der Herr sein Werk vollendet hat: »Mein Gott, mein Gott, warum hast du mich verlassen?« (Mt 27,46 – Ps 22,2) Wachsam bleiben, sehen, was ist – das führt zur Klage.

Den Kolossern – und uns – aber wird zugemutet: mit *Danksagung* zu wachen. Danken? Wofür? Wem? Dank ist eine Antwort. Sie reagiert auf eine Anrede, die zuvor an ihn gerichtet ist. Wer dankt, der hat zuvor gehört. Danken heißt, daran denken, was uns gesagt worden ist.

Wir haben gehört: »Ich habe dich bei deinem Namen gerufen, du bist mein« (Jes 43,1). Wir haben gehört: »Siehe, ich will einen neuen Himmel und eine neue Erde schaffen« (Jes 65,17). Wir haben gehört: »Gott wird abwischen alle Tränen von ihren Augen und der Tod wird nicht mehr sein, noch Leid, noch Geschrei, noch Schmerz wird mehr sein.« (Offb 21,4) Daran denken wir, wenn wir danken! Nicht, was wir sehen, ist der Grund unseres Dankes, sondern das, was wir gehört haben. Im Danken geben wir nicht der Wirklichkeit recht, sondern der uns gegebenen Verheißung.

Beten meint also beides: Sehen und Hören. Sehen, wachsam die Augen offenhalten für das, was ist. Hören, was uns gesagt ist, was uns zugesagt ist. Beten hilft, daß uns nicht Sehen und Hören vergehen.

Wie aber kann man das? Beides zusammenhalten und aushalten? Sehen, was um uns herum, mit uns, durch uns geschieht, und zugleich dankbar sein, an die Worte der Verheißung denken? Es fällt schwer, beides – ohne Abstrich – zu verbinden. Es fällt schwer zu beten. Leichter ist es, nur eines von beidem zu tun, nur auf der einen Seite zu bleiben.

Dann wird der Mund vollgenommen, und mit beredten Worten wird das Heil beschworen. Da ist kein Zögern, was zu sagen. Da sprudelt's nur heraus, die Tür fürs Wort ist nicht verschlossen, die Sicherheit, mit der vom Heil gesprochen wird, ist ungebrochen: nichts ficht sie an.

Und auf der anderen Seite droht dem, der wachen Auges bleibt, das, was er sieht, die Sprache zu verschlagen. Vom Schreien werden die Stimmen heiser. Auch klagen mag er dann nicht mehr.

Zwischen diesen beiden Polen versucht das Beten sich hindurchzubewegen. Zwischen Plappern und Verstummen liegt das Beten. »Plappert nicht viel wie die Heiden«, mahnte Jesus (Mt 6,7) Und Luther grenzt das Beten ab von der beredten Vollmundigkeit: »Je weniger Worte«, sagt er, »desto besseres Gebet; je mehr Worte, desto schlechteres Gebet.«

Drohender mag die Gefahr des *Verstummens* sein. »Zu allen irdischen Qualen / noch diese: Das Wort nicht zu finden.« Da bleibt das Leid bei sich, wortlos, und kann sich nicht aussprechen, kommt nicht heraus. »Nicht einmal unser Verlangen«, notiert Günter Kunert in den »Verspäteten Monologen«, »so ernsthaft es sein mag, führt das eingeschränkte Ich – und nur solche gibt es – über sich selbst hinaus. Und noch der Klage, Begleitmelodie trister Selbsterkenntnis, fehlt die Kraft, weiter zu gehen als bis an die Schwelle der Lippen.«

Beten heißt, Worte finden, Worte, die über die Schwelle der Lippen hinausgehen. Wacht im Gebete mit Danksagung! Sehen *und* Hören, beides zugleich. Wach bleiben in den Nächten, dem Schrecken ins Angesicht sehen und dabei zugleich danken und denken an das Licht, das uns verheißen ist. In diese Spannung treibt uns das Beten.

Wie können wir so beten? Beten, nicht plappern, aber auch nicht verstummen? Die holländische Jüdin Etty Hillesum, von den Nazis gefangen, später nach Auschwitz deportiert und ermordet, schreibt in ihrem Tagebuch während der Lagerzeit, in der sie häufig erkrankte, unter anderem: »Es ist oft kaum zu fassen und geistig zu verarbeiten, Gott, was deine Ebenbilder auf der Erde in diesen entfesselten Zeiten sich gegenseitig antun. Aber ich schließe mich davor nicht in meinem Zimmer ein, Gott, ich halte die Augen offen und will vor nichts davonlaufen … Ich steh Auge in Auge mit deiner Welt, Gott, und flüchte mich vor der Realität nicht in schöne Träume … Ich preise weiterhin deine Schöpfung, Gott – trotz allem!«

Wie können *wir* dieses Spannung aushalten? Wie finden wir Worte? Je tiefer wir ins Beten dringen, desto ratloser werden wir. Betend werden wir unserer Sprachlosigkeit inne. »Betet zugleich auch für uns, daß Gott uns eine Tür für das Wort auftue und wir das Geheimnis Christi sagen können, damit ich es offenbar mache, wie ich es sagen muß.« Auf die kurzen Ermahnungen an die

Kolosser folgt eine wortreiche Bitte, die wie eine Kaskade unruhig von Nebensatz zu Nebensatz hetzt. Und aus dem Schwall der vielen Worte klingt einzig nur heraus, daß die Worte fehlen. Diese Bitte an die Kolosser ist ein Rütteln an der Tür, die sich für das Wort auftun möge. »Betet zugleich auch für uns, daß Gott uns eine Tür für das Wort auftue.«

Diese Bitte wird auch unsere Bitte. Indem wir aber ratlos *vor* dem Beten stehen, sind wir schon *im* Beten. Ratlos seufzend, beten wir schon. »Denn wir wissen nicht, was wir beten sollen, wie sich's gebührt; sondern der Geist selbst vertritt uns aufs beste mit unaussprechlichen Seufzern.« (Röm 8,26) Beten ist also zuerst und zutiefst ein *Seufzen*.

Diese »unaussprechlichen Seufzer« aber sind vielstimmig. Es beginnt mit den Seufzern unserer Ratlosigkeit. In sie mischen sich dann die Seufzer der Klagen. Sie münden aber in die Seufzer der Begierde. Beten wird zum Bitten, zum begierigen Verlangen. Wir haben die Verheißung gehört. Wir sind auf den Geschmack gekommen. Nun sind wir unverschämt. Denn er wird »doch wegen seines unverschämten Drängens aufstehen und ihm geben, soviel er bedarf« (Lk 11,8).

Wir wollen nicht länger wunschlos unglücklich sein. Beten heißt also auch »unverschämt sein«. Wenn die Nazis sich über das Beten der Christen lustig machten und Martin Bormann etwa schrieb: »Die Behauptung, die Weltkraft [gemeint ist Gott] könne sich um das Schicksal jedes einzelnen Wesens, jeder kleinsten Erdbazille kümmern, könne durch sogenannte Gebete ... beeinflußt werden, beruht auf einer gehörigen Dosis Naivität oder aber auf einer geschäftigen Unverschämtheit ...«, so bekennen wir – gegen die, die Geschichte vollstrecken: Ja, so unverschämt sind wir.

Das »Ich habe dich bei deinem Namen gerufen, du bist mein!« gilt jeder kleinsten Erdbazille, auch und gerade denen, die mit Zyklon B vernichtet wurden.

Betend handeln – das heißt also – seufzend handeln: Mit dem Seufzer der Ratlosigkeit – gegen die Panzer der Selbstsicherheit; mit dem Seufzer der Klage gegen die Mitleidlosigkeit; mit dem Seufzer der Begierde – gegen die hoffnungslose Bescheidenheit. Bleibt beharrlich im Gebet, betet ohne Unterlaß – wir können das,wenn wir uns einander als Seufzende begegnen; wir können das, wenn wir unsere falsche Selbstsicherheit ablegen; wir können das,wenn wir die Klagenden hören und ihren Schmerz, auch die Klage in uns; wir können das, wenn wir die Verheißung beim Wort nehmen und unsere Sehnsucht entfachen. Bleibt beharrlich im Gebet – werdet Bedürftige! Im Klagen, Loben, Bitten sagen wir eigentlich immer nur dies: So soll's nicht bleiben. Wir wollen mehr: »Dein Reich komme, dein Wille geschehe.«

Amen.

Gott erscheint bei den Opfern

Johannes 1,29-34

»Am nächsten Tag sieht Johannes, daß Jesus zu ihm kommt, und spricht: Siehe, das ist Gottes Lamm, das der Welt Sünde trägt! Dieser ist's, von dem ich gesagt habe: Nach mir kommt ein Mann, der vor mir gewesen ist, denn er war eher als ich. Und ich kannte ihn nicht. Aber damit er Israel offenbart werde, darum bin ich gekommen, zu taufen mit Wasser. Und Johannes bezeugte und sprach: Ich sah, daß der Geist herabfuhr wie eine Taube vom Himmel und blieb auf ihm. Und ich kannte ihn nicht. Aber der mich sandte, zu taufen mit Wasser, der sprach zu mir: Auf wen du siehst den Geist herabfahren und auf ihm bleiben, der ist's, der mit dem heiligen Geist tauft. Und ich habe es gesehen und bezeugt: Dieser ist Gottes Sohn.«

Liebe Gemeinde, »Gott ist unten, nicht oben« – das war die provokative Botschaft von Weihnachten. Auch wenn es angesichts des vielen Lamettas und idyllischer Krippenspiele immer unwahrscheinlicher klingt: Das weihnachtliche Szenarium bestimmt den Ort der Menschwerdung Gottes als Ort der Niedrigkeit: Stall und Krippe. Ein hilfloses Kind ist Gott. Die Menschwerdung Gottes ist ein Abstieg. Gott wird schutzlos und schwach. Gott wird ein Kind.

Liebe Gemeinde, wir stehen nun in der Epiphaniaszeit, gleichsam eine zweite Weihnacht. In den östlichen Kirchen ist Epiphanias das *ältere* Geburtsfest Christi. Auch zu Epiphanias feiern wir die Menschwerdung Gottes. Aber der Akzent ist nun anders gerichtet: jetzt geht es um die Epiphanie *Gottes* im Menschen Jesus. Nicht der Abstieg und die Niedrigkeit, sondern die Göttlichkeit soll nun betont werden.

Aus dem Christ*kind* wird nun der Christ*könig*, vor dem die drei Weisen oder Könige aus dem Morgenland anbetend niederfallen, mit prachtvollen Geschenken und von einer außergewöhnlichen Sternenerscheinung geleitet. In Jesus wird nun der »neugeborene König der Juden« geehrt. Wie die Geschichte der Heiligen Drei Könige heben auch die anderen Texte, die dem

Epiphaniaskreis zugeordnet sind, auf glanzvolle und herrscherliche Aspekte der Menschwerdung Gottes ab: So die *Taufe Jesu*, in der dieser unter einem sich öffnenden Himmel von einer himmlischen Stimme zum Sohn Gottes erklärt wird; so in der *Hochzeit von Kana*, in der Jesus seine Herrlichkeit mit einem Weinwunder beweist; und so auch im *Brotwunder* bei der Speisung der Viertausend und der Fünftausend.

Die Lieder der Epiphaniaszeit, etwa das, das wir zu Beginn des Gottesdienstes gesungen haben (»Wie schön leuchtet der Morgenstern«), sind voll der Bilder dieser königlichen Herrschaft: vom »König aller Ehren« wird da gesungen; nicht nur »lieblich und freundlich« ist der »strahlende« Morgenstern, sondern auch »schön und herrlich, groß und ehrlich, reich an Gaben, hoch und sehr prächtig erhaben«; Jesus ist nun die »Perl und werte Kron«, ein »hochgeborener König«.

Das Szenarium wechselt also zu Epiphanias: nicht mehr der Stall, sondern der Königsthron; nicht mehr die Niedrigkeit, sondern die Herrlichkeit.

Ist Epiphanias das Pendant oder die Korrektur von Weihnachten? Ist das christologische Ausgewogenheit? Oder hat man es unten, im Stall, nicht ausgehalten und sehnt sich auch für Christus nach dem Glanz der Herrlichkeit? Wird hier der Verlokkung nachgegeben, die Macht und Herrlichkeit aller Reiche dieser Welt nachzuahmen – jener teuflischen Versuchung, der Jesus in der Wüste nach seiner Taufe ausgesetzt war?

Die Gefahr von Weihnachten ist die Idylle der Harmlosigkeit, der Kitsch. Die Gefahr von Epiphanias ist ein Triumphalismus, der mit dem alten Schema der Welt konform geht.

Epiphanias ist das Fest der *Erscheinung* des Herrn. Gott tritt in Erscheinung. Gott geht ein in die Welt der Erscheinung.

Dies ist nun allerdings ein eigentümlich *zwiespältiger* Vorgang. Einerseits sind Theophanien Offenbarungen, sie enthüllen, machen sichtbar, eindeutig, klar und hell. Ihre Strahlkraft blendet zwar die Augen, öffnet sie aber gerade dadurch. Was hier erscheint, ist eindeutig. Doch andererseits mißtrauen wir seit den alten Griechen allem, was (nur) Erscheinung ist. Wir versuchen darum, dahinter zu kommen. Wir suchen das Wesen hinter der Erscheinung. Die Welt der Erscheinungen ist trügerisch, undeutlich, zweideutig.

Gott tritt in Erscheinung – heißt das nun: Es ist alles eindeutig, klar, hell? Oder heißt es: Gott verliert und verausgabt sich an die Welt der Uneindeutigkeit, der Erscheinung, des Scheins? Was erkennen wir in der Epiphanie?

Ums *Erkennen* und *Nichterkennen* geht es im heutigen Predigttext. Dieser Text erinnert an die Taufe Jesu, die am 1. Sonntag nach Epiphanias liturgisch im Mittelpunkt steht. Diese Taufe Jesu wird in der Überlieferung wie eine Theophanie geschildert. Über dem Menschen Jesus reißt der Himmel auf, der Geist Gottes fährt wie eine Taube herab, und eine himmlische Stimme ruft: Dies ist der Sohn Gottes.

Der Evangelist Johannes erzählt nun allerdings – anders als die Synoptiker – nicht *direkt* davon. Die Taufszene erscheint bei ihm nur indirekt in der Erinnerung des Johannes. Im Vordergrund steht das Zeugnis Johannes des Täufers. Erzählt wird von einer Begegnung zwischen Jesus und Johannes *nach* der Taufe.

In diesem Zeugnis des Johannes von Jesus treten nun zwei Motive besonders hervor, die dann auch die Taufszene interpretieren.

Da ist zuerst das Motiv des *Nichterkennens*. Johannes sieht Jesus zu ihm kommen, und er bezeugt: »Ich kannte ihn nicht.« Johannes bezeugt damit von sich dasselbe, was er bereits den anderen gesagt hatte: »… aber er ist mitten unter euch getreten, den ihr nicht kennt.« (1,26)

Jesus war da – und doch erkannte man ihn nicht, weder Johannes noch die anderen. Er war nah, mitten unter ihnen – und er blieb fremd und unerkannt. Das Naheliegende bleibt unerkannt.

Aber warum war es schwer, Jesus zu erkennen? Warum erkannte die Welt den Sohn Gottes nicht? Von Göttersöhnen gab's sonst doch Aufsehenerregendes zu berichten? Welcher Heros, welcher Sohn Gottes und König, der je unbekannt geblieben wäre?

Damit kommen wir zum zweiten Motiv im Zeugnis des Johannes, zum Zeugnis vom *»Lamm Gottes«*. Überraschend ist, wie Johannes Jesus nach der Taufszene, an die er sich ja erinnert, tituliert. Man hätte erwarten können, daß er nun bekennt: »Siehe, das ist der Sohn Gottes.« Aber gerade das bezeugt Johannes nicht, jedenfalls nicht zuerst. Die Pointe seines Zeugnisses liegt woanders.

Was er bezeugt, ist Bild geworden im Isenheimer Altar des Matthias Grünewald, in jenem Finger, mit dem Johannes auf den Mann am Kreuz weist. Johannes bezeugt, auf Jesus weisend, *nicht*: »Seht, das ist der Christkönig.« Johannes bekennt: »Siehe, das ist Gottes Lamm, das die Sünde der Welt trägt.«

Lamm Gottes – ein Bild der Schwachheit und Hilflosigkeit: Sei es das Passalamm, das geschlachtet wird, sei es der Sündenbock, der für andere in die Wüste getrieben wird, sei es der Knecht Gottes, der seinen Mund nicht auftut wie ein Lamm, das zur Schlachtbank geführt wird, und wie ein Schaf, das verstummt vor seinem Scherer (Jes 53,7).

Was Johannes nicht erkannte und was ihm erst offenbart werden mußte, war also, daß der Sohn Gottes wie ein Lamm ist, machtlos, leidend.

Im Zeugnis des Johannes haben wir also einen *anderen* Epiphanias-Text, in dem nicht der König den Ton angibt, sondern das *Kreuz*, nicht der Heros, sondern das Opfer. Gott tritt unscheinbar in Erscheinung. Gott wird ein Kind – heißt es zur Weihnacht. Gott wird ein Opfer – heißt es in diesem Epiphanias-Text.

Aber die Rede vom Opfer ist mißverständlich. Sie bedarf der Aufhellung. Christus als Opfer – was heißt das?

Seit alters hat die Menschheit Tiere, aber auch Menschen geopfert, um ihre Angst vor Katastrophen zu lösen. Im blutigen Opferritual verschaffte sie sich die heilende, lösende Spannungsabfuhr ihrer Erregungen. Jüdische Propheten haben das Opfer kritisiert und die Einsicht stark gemacht, daß »man sich aus dem Opfer anderer kein Heil erwarten dürfe«. »Denn ich habe Lust an der Liebe und nicht am Opfer«, heißt es bei Hosea (6,6). »Gehet hin und lernt, was das heißt«, mahnt Jesus bei Matthäus (9,13; 12,7). Und Tritojesaja läßt den Herrn sprechen: »Wer einen Stier schlachtet, gleicht dem, der einen Menschen erschlägt; wer ein Schaf opfert, gleicht dem, der einem Hund das Genick bricht.« (Jes. 66,3)

Christus als Opferlamm: Soll das heißen, da wird einer für alle geopfert? Soll das heißen, daß wir Christen nicht nur das Opfer, sondern sogar das Menschenopfer erneuern, das der Gott Abrahams bereits abgeschafft hatte? Folgt das Bild vom Lamm Gottes dem Opferritual, wenn auch zum letzten Mal?

Kann man das Bild nicht auch anders verstehen? Etwa so: Gott wird in Christus zum Opfer, indem er sich radikal mit dem Opfer identifiziert, selbst ein Opfer wird. Gott steigt zu denen herab, die von Menschen geopfert werden. Er stellt sich an die Seite der Opfer, wird einer von ihnen. Die Sünde der Welt, die es nötig hat, andere zu opfern, liegt auf ihm. Christus wird ein Opfer, nicht um sich dem Opferritual zu unterwerfen und es damit zu sanktionieren, sondern um es aufzuheben.

Denn der Gott, der mit dem Opfer mitleidet, erfährt die Sünde der Welt nicht nur am eigenen Leibe, sondern überwindet damit jene Mitleidlosigkeit, die andere opfert. Daraus, daß andere geopfert werden, erwächst kein Heil, sondern einzig aus der Liebe. In der Liebe zum anderen ist die Voraussetzung des Opferns überwunden: das Ausgrenzen anderer. In dieser Liebe wird die Sünde fortgeschafft.

Erkennen und Nicht-Erkennen – das ist das Problem an Epiphanias – dem Fest der Erscheinung. Es fällt schwer, das Unscheinbare zu erkennen. Sehen und doch nicht sehen.

Was ist offensichtlicher, wenn wir die Welt ansehen, in der wir leben, als daß sie auf Opfern beruht, auf dem Leiden namenloser Einzelner. Und doch sehen wir das gerade nicht. Die Opfer bleiben stumm; wir vergessen sie. Eindruck machen uns die glanzvollen Erscheinungen, die Sieger, die Helden.

Um die Opfer nicht zu übersehen, um Gott bei ihnen zu erkennen, müßten wir umkehren, den Blick wechseln, von oben nach unten – das ist die Wassertaufe des Johannes: Kehrt um!

Um aber fähig zu werden, andere wirklich zu lieben, statt zu opfern, müßten wir verwandelt werden – das ist die Geisttaufe.

Epiphanias widerruft also nicht die Botschaft von Weihnachten: Sahen wir Gott dort als Kind, so hier am Kreuz. Die Botschaft auch dieses Texts lautet: Gott ist nicht oben, sondern unten – bei den Opfern. Ändern wir unseren Blick – damit unser Herz gerührt wird und verwandelt.

Amen.

Das Ende der Bescheidenheit

Lukas 18,1-8

Liebe Gemeinde, dürfen Christen Gott lästern? Die Antwort scheint klar. Doch ist sie es wirklich? Wer hier zu schnell antwortet, könnte gerade das tun, was er verhindern will: Gott lästern.

Lästern meint tadeln, auf Schäden hinweisen. Gott lästern, Gott tadeln – dürfen wir das wirklich nicht?

Nun – sagen wir nicht lästern, sondern belästigen – was zwar etymologisch – trotz des Klangs – nicht dasselbe ist, der Sache nach aber zusammenhängt.

Gott belästigen – dürfen wir es nicht? Wir sollten es! Wir sollten Gott belästigen! Wir sollten Gott zur Last fallen!

Bevor einige jetzt vielleicht empört aufstehen und gehen, lassen Sie mich den Predigttext verlesen, das Gleichnis von der lästigen Witwe bei Lukas 18,1-8:

> »Jesus sagte seinen Jüngern ein Gleichnis darüber, daß sie allezeit beten und nicht nachlassen sollten. Und sprach: Es war ein Richter in einer Stadt, der fürchtete sich nicht vor Gott und scheute sich vor keinem Menschen. Es war aber eine Witwe in derselben Stadt, die kam zu ihm und sprach: Schaffe mir Recht gegen meinen Widersacher! Und er wollte lange nicht. Danach aber dachte er bei sich selbst: Wenn ich mich schon vor Gott nicht fürchte noch vor keinem Menschen scheue, will ich doch dieser Witwe, weil sie mir so viel Mühe macht, Recht schaffen, damit sie nicht zuletzt komme und mir ins Gesicht schlage. Das sprach der Herr: Hört, was der ungerechte Richter sagt! Sollte Gott nicht auch Recht schaffen seinen Auserwählten, die zu ihm Tag und Nacht rufen, und sollte er's bei ihnen lange hinziehen? Ich sage euch: Er wird ihnen Recht schaffen in Kürze. Doch wenn der Menschensohn kommen wird, meinst du, er werde Glauben finden auf Erden?«

Ein gewagtes Gleichnis.
So kühn, daß der Kleinglaube erschrecken kann.
Gewagt ist manches in diesem Gleichnis.

Das Beispiel der Witwe.
Das Bild vom Richter.
Aber der Reihe nach.

Die Witwe. Eine um ihr Lebensrecht kämpfende Frau läßt nicht locker. Alleinstehend, mittellos, einflußlos. Sie will ihr Recht. Nebenbei bemerkt: Manche erschrockene Ausleger beeilen sich zu betonen, daß die Witwe zwar eine Frau, aber keine Emanze sei. Sie wendet sich an den Richter. Obwohl sie weiß, was das für einer ist. Arrogant und ungerecht – stadtbekannt ist, daß der weder Gott noch Menschen achtet.

Und trotzdem! In ihrer Not wendet sie sich an ihn, den ungerechten Richter. Gegen alle Erfahrung hofft sie, daß ihr Recht verschafft wird. Obwohl sie den ungerechten Richter kennt, wendet sie sich an ihn. Sie behaftet den Richter bei seinem Anspruch, Richter zu sein. Er muß ihr Recht verschaffen. Gegen den Richter spielt sie den Richter aus.

Das Unerwartete geschieht. Sie hat Erfolg. Der Richter kalkuliert, will die Lästige loswerden, gar eine Ohrfeige vermeiden.

Penetrant übers Unrecht schreien – das erzählt Jesus als Gleichnis fürs Beten. Die Witwe – ein Modell des Betens.

In den New Yorker U-Bahnen blicken wir peinlich belästigt zu Boden, wenn wieder so ein Bettler, womöglich mit Krücken, nicht abläßt, sein Leid zu klagen, und auffordernd-frech seinen Pappbecher vor unsere Nasen hält. Wir Satten finden den Hungernden lästig. Ein paar Coins könnten helfen, uns diesen Anblick zu ersparen, auch die bedrohliche Nähe der Krücken. Hier, im Untergrund also, könnten wir lernen, was beten heißt.

Dies ist die erste Kühnheit unseres Gleichnisses von der penetranten Witwe.

Der Zug der Witwen ist lang, schier endlos, wenn wir in die Geschichte blicken. »Führet die Sache der Witwe ...« schreit Jesaja (1,17). In den Städten Lateinamerikas schreien die Mütter der Vermißten. 1989 lebten in der Bundesrepublik 2,5 Millionen Frauen über 60 in Armut.

Kühner aber noch ist das Bild vom *Richter* – und welche Assoziationen es weckt!

Nimmt Jesus, der später am Kreuz sich von seinem Vater verlassen fühlt, den Hintersinn dieses Bildes bewußt in Kauf?

Verhindert es etwa, daß der Hörer beim Bild des ungerechten Richters an den endzeitlichen Richter, an Gott, denkt?

Freilich, der Fromme macht ein paar Umwege. Er wird nicht voreilig und vorlaut Gott mit dem Richter gleichsetzen. Er hat von den Schriftgelehrten etwas vom »a-minore-ad-maius-Schluß« gehört: »Wenn schon der ungerechte Richter... um wieviel mehr Gott ...«

Die anderen aber unter den Hörern – die weniger Frommen, die Zweifler – werden sie ihn nicht erkennen: Gott im Bild des ungerechten Richters?

Da schreien die Menschen, die in ägyptischer Fron, die in der Folter der Inquisition, die in Auschwitz:

»Und er wollte lang nicht!« – »Und er wollte lange nicht!«

Hiobs Schmerz hält an: »Und er wollte lange nicht!«

»Und er wollte lange nicht!« – behutsam, einfühlsam lädt das Gleichnis mit dieser Enttäuschungsformel auch und gerade den Zweifler und die, die verzweifeln, dazu ein, ihre Erfahrungen mit dieser Welt, in dieser Welt, also mit Gott, wahrzuhaben, nicht zu verdrängen, nicht zu verleugnen.

»Und er wollte lange nicht!« – Das Gewicht dieser Welt, die Last einer Geschichte fortdauernden Unrechts liegt in diesem scheinbar beiläufigen Zug des Gleichnisses beschlossen.

Der ungerechte Richter – ein gewagtes Bild, das zwar im Kontrast das Angesicht des gerechten Gottes durchscheinen lassen soll, das aber zugleich – mit entgegenkommender Einfühlung in den Zweifelnden und Verzweifelnden – wie in einem Vexierbild immer auch die andere Seite des verborgenen Gottes zeigt, jenen dunklen Gott, der – wie der ungerechte Richter – bestürmt und belästigt, herausgefordert und besiegt werden will, dem – wie am Jabbok – in einem Kampf der Segen abgerungen werden muß, der – wie der Richter – bei seinem Anspruch behaftet werden will, wo Gott gegen Gott ausgespielt werden muß.

Das Gleichnis erzählt also nicht nur von einem Kampf, vom Kampf der Witwe gegen den Richter, sondern provoziert selbst einen Streit in uns, unter uns: es führt mitten in den Widerstreit von Glaube und Erfahrung. Der Glaube muß ankämpfen gegen die Erfahrungen, die ihm und seiner Hoffnung Hohn sprechen.

Und das Gleichnis bringt so auch den Frommen und den Zweifler zusammen, ja, es verrät – wie auch das folgende

Gleichnis vom Pharisäer und Zöllner – eine geheime Sympathie mit denen, die nicht selbstsicher und gewiß von Gott zu reden wissen.

Jesus jedenfalls, den Lukas dann das Gleichnis auslegen läßt, beginnt seine Auslegung nicht mit einem Behauptungssatz, sondern mit einer Frage, die nicht nur rhetorisch wirkt. Jesus fragt: »Sollte Gott nicht auch Recht schaffen seinen Auserwählten, die zu ihm Tag und Nacht schreien, und sollte er's bei ihnen lange hinziehen?« Klingt aus dieser Frage nicht immer noch etwas von jener bedrängenden Ungeduld, von jenem herausfordernden Vorwurf der Witwe gegen den ungerechten Richter? »Ja, sollte Gott nicht endlich …«

Und das »Sollte Gott es bei ihnen lange hinziehen« erinnert an das »Und er wollte lange nicht!« In einer scheinbar bloß rhetorischen Frage schlummert also die empörte Aufforderung: »Ja, Gott sollte endlich … und er sollte es nicht lange hinziehen!«

Bis in die Auslegung hinein also atmet dies Gleichnis vom Beten den Geist fordernder Ungeduld, der Empörung übers fortdauernde Unrecht. Es lehrt: Beten heißt Poltern. Beten heißt übers Unrecht schreien.

Wer hat uns eigentlich eingeredet, daß beten heißt: die Hände falten und in den Schoß legen, stille sein und demütig? Das könnte den ungerechten Richtern so passen!

Die lästige Witwe lehrt: Beten meint gerade das Ende der Bescheidenheit – nicht die Bescheidung ins Gegebene, nicht das Sich-Abfinden.

Freilich, das Gleichnis sagt auch: Beten ist wie das Schreien einer *Witwe*. Das Ende der Bescheidenheit meint also gerade nicht die Unersättlichkeit der Satten, nicht das Verlangen nach neuer Prächtigkeit.

Doch woher nimmt das Beten seine Kraft, ja seine Frechheit, seine Unbescheidenheit? Die Witwe hält sich wider alle enttäuschende Erfahrung an das Rechtsversprechen, mit dem sie den Richter bei seinem Anspruch behaften kann. Liegt nicht über unserer Welt ein ähnliches Versprechen, eine Verheißung, durch die der Glaube gegen alle Erfahrung ankämpfen kann? Mündet nicht jedes Gebet in die eine große Bitte: »Dein Reich komme!«? Diese Bitte ist doch beides: Festhalten an der Verheißung *und* zugleich ein Schrei über das andauernde Unrecht dieser Welt, in dieser Welt.

Lukas läßt Jesus zum Abschluß seiner Auslegung des Gleichnisses vom Beten eben diese Verheißung erneuern: »Ich sage euch: Er wird ihnen Recht schaffen in Kürze.«

»In Kürze« – das klingt nicht nach Vertröstung auf ein fernes Jenseits. »Er wird ihnen Recht schaffen in Kürze.« So dringlich das Schreien der nach Recht Verlangenden ist, so nahe ist mit Jesus der Tag der Erlösung, das Reich Gottes. »Denn siehe, das Reich Gottes ist mitten unter euch« – hatte er im vorangegangenen Gleichnis gesagt. Wo das Reich Gottes nicht mehr in Kürze erwartet wird, wo nicht mehr nach ihm geschrien wird, da ist das Reich Gottes ferne, hat es keinen Ort mehr, ist es nicht mehr mitten unter uns.

»›Dein Reich komme‹ – die ganze Zukunft Gottes hängt an dem Beten heute, an den Witwen, die schreien, an denen, die mit ihnen schreien.« (R. Bohren)

Wer Gott loben will,
muß lästern
über das Unrecht hier,
über den falschen Gott,
muß Gott gegen Gott ausspielen,
muß Gott behaften bei seinem Anspruch, Gott zu sein.
Mehr können wir nicht tun,
als schreien,
als beten:
»Dein Reich komme!«

Gott zu rechtfertigen ist nicht unsere Sache. Ebensowenig wie ihn zu beweisen! Wer sind wir denn? Wir Christen sind doch nicht die Hofschranzen Gottes! Bettler sind wir – oder, mit J. Chr. Blumhardt: »... wie eine Witwe sollen die Kinder Gottes auf Erden werden.«

»Ich sage euch: Er wird ihnen Recht schaffen in Kürze!«
In Kürze!
Ja, subito!
Wir warten!
Amen.

»Komm!« oder: Apokalypse als Offenbarung der Güte

Lukas 21,25-33

Liebe Gemeinde, Lukas wunderte sich. Es war Wahlkampf, da unten, in einem der Länder, das gerade größer geworden war. Zwei der Parteien, die sich bekämpften, hatten ihm geschrieben. In beiden Briefen stand dasselbe: »Sehr geehrter Herr Lukas, hiermit bitten wir Sie, im Rahmen unserer Wahlwerbung aus Ihrem Werk zitieren zu dürfen. In besonderer Weise liegt uns daran, von folgender Stelle Gebrauch zu machen.« Lukas hielt die Briefe nebeneinander, beidemal folgte nun der gleiche Text:

> »Jesus sprach zu seinen Jüngern: ›Es werden Zeichen geschehen an Sonne und Mond und Sternen, und auf Erden wird den Völkern bange sein, und sie werden verzagen vor dem Brausen und Wogen des Meeres, und die Menschen werden vergehen vor Furcht und in Erwartung der Dinge, die kommen sollen über die ganze Erde; denn die Kräfte der Himmel werden ins Wanken kommen.
> Und alsdann werden sie sehen den Menschensohn kommen in einer Wolke mit großer Kraft und Herrlichkeit. Wenn aber dieses anfängt zu geschehen, dann seht auf und erhebt eure Häupter, weil sich eure Erlösung naht.‹
> Und er sagte ihnen ein Gleichnis: ›Seht den Feigenbaum und alle Bäume an: Wenn sie jetzt ausschlagen, und ihr seht es, so wißt ihr selber, daß jetzt der Sommer nahe ist. So auch ihr: Wenn ihr seht, daß dies alles geschieht, so wißt, daß das Reich Gottes nahe ist.‹
> Wahrlich, ich sage euch: Dieses Geschlecht wird nicht vergehen, bis es alles geschieht. Himmel und Erde werden vergehen; aber meine Worte vergehen nicht.«

Partei A und Partei B im Streit – und derselbe Text sollte der einen gegen die andere helfen. Vorausgegangen waren Wahlversammlungen.

Aufgeregte und erhitzte Stimmung bei Partei A: »Es ist fünf Minuten vor Zwölf. Wir müssen den Leuten Angst machen, damit sich endlich etwas bewegt. Die Zeitbombe tickt, rief einer. Und andere stimmten zu: Ozonloch, Treibhauseffekt, Rüstungsspirale, atomarer Holocid. Die Losung muß doch heute heißen: ›Fürchte dich!‹ statt ›Fürchte dich nicht!‹« Und ein anderer gab die Parole aus: »Ängstige deinen Nächsten wie dich selbst.« In diese Stimmung – so dachten viele – paßt gut der gewünschte Text des Lukas.

Bei Partei B ging es ruhiger und gesetzter zu. »Mit Angst läßt sich keine Politik machen. Angst ist ein schlechter Ratgeber. Apokalyptische Aufgeregtheiten treiben uns nur schlimmer ins Unglück. Außerdem halten die Leute das nicht lange aus. Die Leute brauchen Zuversicht. Bange machen gilt nicht.

Einer schmunzelte: ›Eben, wenn morgen die Welt unterginge, würde ich heute ein Apfelbäumchen pflanzen.‹ Ein anderer erregte sich: ›Diese ganze Angstkampagne ist doch purer Unglaube. Wo bleibt das Gottvertrauen?‹« Vielen schien nun der Lukastext eine Bestätigung ihrer Ruhe und Zuversicht.

Lukas überflog auf den Briefen seinen eigenen Text. Das Geschrei und der Streit von unten verwirrten ihn. Der Text verschwamm vor seinen Augen. Immer nur einzelne Worte stachen hervor, einmal dies, dann wieder anderes. Im Springen der Wörter wechselten Stimmungen und Gefühle:

»...den Völkern wird *bange* sein...«
»...*Brausen* und *Wogen* des Meeres...«
dann:
»...mit großer *Kraft* und *Herrlichkeit*...«
»...*Erhebt* eure Häupter...«
und dann wieder:
»...sie werden *verzagen*...«
»...sie werden *vergehen* vor *Furcht*...«
doch dann wieder:
»...eure *Erlösung* naht...«
»...daß jetzt der *Sommer* naht...«
und wieder anderes:
»...die Kräfte des Himmels werden ins *Wanken* kommen...«
»...Himmel und Erde werden *vergehen*...«
und schließlich wieder:
»...wißt, daß das *Reich Gottes nahe* ist...«
»...meine *Worte* vergehen *nicht*...«

Die einzelnen Wörter drangen als Geschrei und als Gesang an sein Ohr. Jubel und Verzweiflung. Verzweiflung und Jubel vermischten sich. Ununterscheidbar werden die Worte zu einer Stimme.

Es gibt ein Ende – wir ahnen es jedenfalls. Der Tod steht uns bevor, jedem einzelnen von uns, uns allen, auch der Welt. Sie hat einen Anfang, warum sollte sie kein Ende haben.

Es gibt ein Ende. Wer gibt uns das? Wer gibt uns diese Gabe des Endes? Ist das Ende eine Gabe? Oder doch ein Schrecken?

Ende des Schreckens – oder Schrecken des Endes? Es gibt ein Ende – sollen wir aufatmen, oder bleibt uns der Atem stocken? Es gibt ein Ende.

Wie sollen wir, wie können wir vom Ende reden? Welche Worte haben wir für das Unvorstellbare, das Ende? Kein Terminus fängt das Ende. Es läßt sich nicht terminieren.

Vor dem Ende sind wir am Ende unserer Rede, unserer Worte. Unsere Ratlosigkeit, unser Verstummen mischen sich in den Chor der Verzweiflung und des Jubels.

Eine Wolke umhüllt Lukas. Die Briefe entgleiten ihm. Von seinen Lippen kommen leise die letzten Sätze des von ihm Zitierten: »Himmel und Erde werden vergehen; aber meine Worte vergehen nicht.«

»Aber meine Worte vergehen nicht.« Gibt uns das Halt und Orientierung im vielstimmigen Chor aus Jubel, Geschrei und ratlosem Schweigen? Sehen wir zu.

Welche »Worte«? Und was soll das heißen: »Meine Worte vergehen nicht« – wo doch Himmel und Erde vergehen? Gibt es Worte, wenn es keine Erde mehr gibt, keine Menschen, die sprechen, die schreiben, die lesen, die hören?

Und was sind das für Worte, wenn es weder Himmel noch Erde gibt? Was bezeichnen diese Worte denn dann noch? Was bedeuten sie dann noch, wenn es buchstäblich nichts mehr gibt, weder Himmel noch Erde? Worte, die keiner spricht; Worte, die keiner hört; Worte, die auf nichts mehr verweisen können?

»Himmel und Erde werden vergehen, aber meine Worte vergehen nicht.« Gibt es noch etwas zu hören, wenn alles vorübergegangen ist? Gibt es einen Nachhall?

Was ist mit den Stimmen derer, die gefoltert und gemordet wurden? Sind sie verstummt, weil sie tot sind? Klingen sie nicht nach, dringen an unser Herz, heute noch, nach ihrem Ende?

Was aber bleibt? Wenn Himmel und Erde vergangen sind, bleibt ihr stummer Schrei. Dieser Schrei erweckt zugleich die Stimme dessen, der vorübergegangen ist und dessen Wiederkunft die Gläubigen erwarten. Von jenem, der vorüberging, der in seinen Tod ging, sind die Worte geblieben, die er auf dem Berg sprach oder auf dem Felde. Die Verheißung klingt nach. »Und er tat seinen Mund auf.« (Mt 5,2) »Selig seid ihr, die ihr jetzt weint, denn ihr werdet lachen.« (Lk 6,21b) – Der stumme Schrei der Toten belebt diese Worte – und wird von ihnen immer neu genährt und entfacht, von den Worten dessen, der vorübergegangen ist – auch dann noch, wenn alles vorübergegangen ist. »Himmel und Erde werden vergehen; aber meine Worte vergehen nicht.«

Diese Worte hört auch der Einsame auf Patmos, der sieht, wie alles vorübergegangen ist: »Und ich hörte eine große Stimme von dem Thron, die sprach: Und Gott wird abwischen alle Tränen von ihren Augen, und der Tod wird nicht mehr sein, noch Leid noch Geschrei noch Schmerz wird mehr sein; denn das Erste ist vergangen.« (Offb 21,3-4) Wenn alles vorübergegangen ist, wenn Himmel und Erde vergangen sind, bleiben diese Worte, die der Schrei der Verstummten erweckt. Diese Stimme vom Jenseits des Seins bleibt. Diese Stimme – »Selig seid ihr, die ihr jetzt weint, denn ihr werdet lachen« – kommt nicht aus unserer Welt. Nichts in ihr könnte sie bestätigen. Sie kommt von jenseits des Seins – nicht aus dem, was ist. Und sie hat recht, auch wenn nichts mehr ist.

Diese Stimme ist der bleibende Ruf in die Güte und das Gute, an dessen Mangel diese Welt leidet. Dieser Ruf, der über unserer Welt liegt und der nachhallt, wenn alles vergangen ist, ruft uns heraus.

Dieser Ruf nun, in dem die Schreie der Stummen gesammelt sind, *ist* die Apokalypse. Denn dieser Ruf deckt die Wahrheit auf über unsere Welt. Er enthüllt sie als eine solche, die Tränen verursacht und nicht abwischt.

Der Ruf der Verstummten, der Anderen, die keine Heimat fanden und finden auf dieser Welt, ruft uns heraus aus unserer Welt.

Er stört uns und verwehrt uns jene achselzuckende Selbstberuhigung: »So ist es eben.« Vom Jenseits dieser Welt hören wir die Worte, die nicht vergehen: »Selig seid ihr, die ihr jetzt weint; denn ihr werdet lachen.«

Der Ruf ruft uns also heraus – heraus aus dem, was immer so ist, wie es ist, und hinein in die Verheißung: Die Worte der Verheißung schweben über dieser Welt. Die Schreie der Verstummten bringen sie uns nahe.

Wenn wir uns so von uns und unserer Welt ent*fernen*, geraten wir in diese *Nähe*. Der Verheißung recht geben und nicht dem, was ist, führt uns in die Nähe jener Güte, die den Trauernden gilt.

Wo diese Welt nicht alles ist, sondern ein Ende hat, ist das Reich Gottes immer schon nahe. »Denn seht auf und erhebt eure Häupter, weil sich eure Erlösung naht.« Nähe und Entfernung hängen also zusammen: Indem wir uns entfernen von der Welt, aus der die Güte entfernt ist, geraten wir in die Nähe der Verheißung, die den Trauernden die Güte Gottes zusagt. Diese *Nähe* ist der *Ruf* in die Güte. Im Philipperbrief heißt es darum: »Eure Güte laßt kundsein allen Menschen! Der Herr ist nahe!« (Phil 4,5)

Der Ruf in die Güte macht uns zu Rufenden *und* Gerufenen. »Komm!« – lautet der Ruf. In Erwartung und im Vertrauen auf die Verheißung rufen wir: »Komm!« – »Dein Reich komme!«

Und dieser Ruf, dieses »Komm!« gilt zugleich *uns*, den Rufend-Gerufenen. »Komm!« – »Komm heraus!« – »Komm heraus aus der Welt ohne Güte.«

»Komm« – dieser Ruf liegt über der Adventszeit. »Komm« – rufen wir und sind damit gerufen. »Komm« – dieser Ruf ist adventliche Erwartung und adventlicher Bußruf zugleich: »Komm, Herr!« und »Komm heraus, Mensch!« Wir können nur »Komm!« rufen, wenn wir *uns* damit zugleich rufen lassen, herausrufen lassen.

Lukas hielt noch die beiden Briefe in seinen Händen. Lukas wunderte sich, über die Angstmacher ebenso wie über die Beschwichtiger. Sollte er antworten? Er versuchte es. Denselben Brief an beide: »Was starrt ihr aufs Ende? Die Katastrophe liegt nicht *vor* euch, sie liegt *hinter* euch!«

Er wollte Namen nennen und suchte auf der Karte gerade jenes Landes, aus dem die Briefe kamen, Namen jener Orte – als Beispiel für das Beispiellose. »Verbergt das nicht!« wollte er schreiben – und vom rechten Sinn der Apokalypse. Apokalypse sei nicht jene fürchterliche Katastrophe, mit denen die einen Angst machen und angesichts derer die anderen beschwichtigen.

Apokalypse sei vielmehr Offenbarung, Enthüllung. Offenbarung der Güte Gottes, die uns und unsere Welt – die fehlende Güte – bloßstellt. Aber Lukas hielt inne. Stand nicht alles in seinem Text, den sie ja kannten? »Himmel und Erde werden vergehen; aber meine Worte vergehen nicht.«

Nein, er wollte das Stimmengewirr unten nicht weiter anfachen. Vielleicht würde es stiller. In der Stille könnte die Stimme dann gehört werden. »Komm!« Amen.

Gott loben heißt protestieren

Offenbarung 15, 2-4

Liebe Gemeinde,

Kantate – singet: diese frohgestimmte Aufforderung steht über dem heutigen Sonntag und diesem Gottesdienst.

Kantate – singet.

Aber: singen – können wir das so einfach?

Vielleicht ist nicht jedem von uns zum Singen zumute!

Wer krank ist, mag nicht singen.

Wer sich Sorgen macht um seine Arbeitsstelle, mag nicht singen.

Wer Ärger hat, in seiner Familie, mit anderen, mag nicht singen.

Die frohe Stimmung, die das Singen braucht, will bei vielen von uns nicht aufkommen.

Also: Singet – das *können* wir nicht so einfach.

Aber auch wenn wir es können, frohen Mutes singen, einstimmen in die Loblieder und Gesänge eines festlichen Gottesdienstes – schon erhebt sich die andere Frage:

Singen – *dürfen* wir das denn noch?

Heute, angesichts des Zustands, in dem sich unsere Welt befindet?

Dürfen wir singen, Gottesdienste feiern, wenn auf dieser Erde, rings um uns, Menschen vor Hunger sterben, gefoltert werden; wenn der Frieden immer unsicherer wird; wenn die Natur täglich mehr verwüstet wird?

Der tägliche Blick in die Zeitungen oder die Tagesschau zeigt uns Bilder dieser Welt, bei denen uns manchmal apokalyptische Assoziationen kommen mögen.

Was sehen wir?

Zerbombte, brennende Häuser, dazwischen die Leichen von Kindern, wie in Beirut; ausgemergelte, um Nahrung bettelnde Menschen auf dürrem, vertrocknetem Land, wie in der Sahelzone; ölverschmierte Vogelleichen an den Stränden unserer Meere; und… und…

Dürfen wir angesichts solcher Nachrichten noch singen?

Etwa ein Lied wie das folgende:

»Groß und wunderbar sind deine Werke, Herr, allmächtiger Gott,
gerecht und wahrhaftig sind deine Wege, du König der Völker.
Wer sollte dich nicht fürchten, Herr, und deinen Namen preisen?
Denn du allein bist heilig! Ja, alle Völker werden kommen und anbeten vor dir,
denn deine gerechten Gerichte sind offenbar geworden.«

Dieses Loblied finden wir in unserem Predigttext für den heutigen Sonntag Kantate.

II

Wer kann so singen, so hochtönend: »Groß und wunderbar sind deine Werke, Herr, allmächtiger Gott«?

Wir vermuten, wer so singt, der muß Anlaß zu solch jubelndem Lobpreis haben.

Ihn – so vermuten wir – plagen keine Schreckensvisionen. Seine Welt scheint heil zu sein, ohne Leid und Gewalt.

Wer so singen kann, muß – so denken wir – in einer Welt und in einer Zeit leben, die vom Licht des Glücks und der Harmonie bestrahlt ist.

Ja, damals – mögen wir seufzen!

Aber wie wir uns täuschen können.

Das Lied wie unser Predigttext heute stehen in der Apokalypse des Johannes.

Wer die Offenbarung des Johannes kennt, weiß, mit welch bestialischer Grausamkeit hier das Ende der Welt und der Zorn Gottes beschrieben werden.

Die blutigen Schrecken der Endzeit schildert der Verfasser in immer neuen Szenen, eine grausamer als die andere.

Was treibt einen Menschen wie Johannes zu solch schrecklich martialischen Bildern?

Nun, wir wissen: Johannes gehörte zu jenen ersten Christen, die die beginnende Verfolgung durch die Römer am eigenen Leib zu spüren bekamen. Verfolgung und Märtyrertod verfinstern den Alltag dieser frühen Christen.

Den Seher Johannes, auf die Insel Patmos verbannt, überfallen schreckliche Visionen. In der grausamen und blutigen Gewalt der römischen Herrschaft sieht er die Vorboten einer Endzeit, einer Endzeit, in der sich die Schrecken noch unvorstellbar steigern werden – überall Vernichtung, Tod, Blut und nochmals Blut.

Wie trostlos, verzweifelt muß ein Mensch sein, den solche apokalyptischen Bilder quälen?

Johannes sieht seine Welt als heillos entstellt und verzerrt an. Die Schrecken der Gegenwart sind die Vorankündigung des Endes, eines noch schrecklicheren Endes.

Und in dieser Situation der Verfolgung, mit dem Blick auf grausame Zeiten, stellt sich dem Johannes – wenn auch kurz – ein ganz anderes Bild ein.

Ich lese aus Kapitel 15,2-4, unserem Predigttext:

»Und ich sah ein gläsernes Meer, mit Feuer gemengt; und die, die den Sieg behalten hatten über die Verfolger, standen an dem gläsernen Meer und hatten Gottes Harfen und sangen das Lied des Mose, des Knechtes Gottes, und das Lied des Lammes und sprachen:
Groß und wunderbar sind deine Werke, Herr, allmächtiger Gott!
Gerecht und wahrhaftig sind deine Wege, du König der Völker.
Wer sollte dich nicht fürchten, Herr, und deinen Namen preisen?
Denn du allein bist heilig!
Ja, alle Völker werden kommen und anbeten vor dir,
denn deine gerechten Gerichte sind offenbar geworden.«

Welch ein Gegensatz! Da sieht einer rings um sich nur Leid, Gewalt, Verfolgung, Unrecht – und läßt Harfen erklingen und ein Loblied singen: »Herr, groß und wunderbar sind deine Werke.«

Ein Lied inmitten des Leids.

Singen und loben – angesichts von Verfolgung.

Wie ist das möglich?

III

Verlassen wir Johannes für eine Weile und wechseln die Szene.

Holland, Anfang der vierziger Jahre des 20. Jahrhunderts. Der Rassenwahn der Nationalsozialisten beginnt auch die Juden Hollands zu bedrängen und zu verfolgen.

Auch hier werden jetzt die Juden ausgesondert, deportiert, in Lager geschickt, um schließlich in den deutschen Vernichtungslagern ermordet zu werden.

Da ist die Jüdin Etty Hillesum. In anfänglich geborgenen Verhältnissen, erfährt sie die einsetzende und sich dann schnell verschärfende Verfolgung zuerst bei Freunden und schließlich am eigenen Leibe. Sie erlebt die ersten Schikanen, bald wird sie in ein holländisches Lager gesperrt. 1943 meldet das Rote Kreuz ihren Tod in Auschwitz.

Etty Hillesum hat 1941 bis 1943 Tagebuch geführt. Ein erschütterndes Dokument.

Dieses Tagebuch, in dem sich die Schrecken der Verfolgung spiegeln, ist zugleich eine Zwiesprache mit Gott.

Zwischen den Aufzeichnungen über das alltäglich erfahrene Unrecht, das Leid der verfolgten Juden, finden sich immer wieder Stellen wie die folgende. Am 8. Oktober 1942 schreibt sie, im Deportationslager Westerbork:

> »8. Oktober, Donnerstagnachmittag. Ich bin jetzt krank, ich kann nichts dafür. Später werde ich alle Tränen und Schrekken davon einsammeln. Eigentlich tue ich das schon hier im Bett. Vielleicht ist mir deshalb so schwindlig und fiebrig? Ich will nicht die Chronistin von Greueltaten werden. Auch nicht von Sensationen. Heute morgen sagte ich noch zu Jopie: ›Und dennoch komme ich immer wieder zu demselben Schluß: Das Leben ist schön.‹ Und ich glaube an Gott. Und ich will mittendrin in alldem sein, was die Menschen ›Greueltaten‹ nennen und dann noch sagen: ›das Leben ist schön.‹«

»Inmitten der ›Greueltaten‹ – will ich dann noch sagen: das Leben ist schön.«

Was treibt den Johannes, gegen allen Augenschein, ein Loblied zu schreiben, zu singen; »Herr, wie wunderbar sind deine Werke«?

Was treibt Etty Hillesum dazu, gegen die Übermacht der Leidenserfahrung, daran festzuhalten und zu schreiben: »Das Leben ist schön.«?

IV

Beider Lob ist nicht ahnungslos. Es kommt nicht leichtfertig und oberflächlich daher, wie es manche Schlager tun, die von einer schönen, heilen Welt trällern.

Das Loblied, das Johannes und das Etty Hillesum je auf ihre Weise singen, ist eines, das dem Leid abgerungen ist. Dadurch wird es echt und gewinnt für uns an Glaubwürdigkeit, so daß unsere Frage, ob man angesichts des Leids singen darf, eigentümlich verstummen muß.

Beide *tun* es – und nicht weil sie ihre Augen verschließen, sondern obwohl und gerade weil sie das Dunkel dieser Welt tief empfunden und erfahren haben.

Was aber tun beide, wenn sie in einer solchen Situation singen und nicht unter der Schwere des Leids verstummen?

Sie protestieren – indem sie singen!

Sie wollen denen, die Unrecht und Gewalt über Menschen und über unsere Welt bringen, nicht das letzte Wort lassen. Sie bestreiten mit ihrem Lied und ihrem Lob, daß uns Menschen kein anderes Schicksal bestimmt ist, als die Kette von Leid, Unrecht und Gewalt unendlich fortzusetzen.

Mit ihrem Lied, in dem sie Gott und seine Schöpfung, unsere Welt, loben, halten sie die Erinnerung an das Versprechen aufrecht, daß Gott die Menschen liebt.

Sie bestehen auf diesem Versprechen, auf dieser Hoffnung – gegen die, die sich mit all dem Unrecht und Leid auf unserer Welt abfinden, singen sie von ihrem unerschütterlichen Glauben, daß die Welt, wie Gott sie will, anders aussieht.

Sie weigern sich, einzustimmen in den Chor derer, die sich zynisch in einer Welt des Unrechts und Leids einrichten wollen.

Nein! singen sie, die Welt muß so nicht aussehen, sondern: Groß und wunderbar sind Gottes Werke; gerecht und wahrhaftig seine Wege.

Nur in dieser Hoffnung und in diesem Glauben ist Leben möglich.

Und darum dürfen wir nicht nur – trotz allem – singen, wir müssen es sogar.

Erst wo wir nicht mehr singen, dieses andere Lied, wo wir angesichts des Leids und Unrechts schweigen, wuchert Hoffnungslosigkeit, in der wir nicht leben können.

Freilich gilt auch dies:

Unser Singen bleibt nur recht, wenn es nicht dazu dient, vor dem Leid dieser Welt zu fliehen, das Unrecht zu vergessen.

Hoffnung erwächst aus unseren Liedern nur dann, wenn sie zugleich auch immer so etwas wie Protestlieder sind.

Gott loben – das heißt gegen das Unrecht dieser Welt protestieren.

V

Johannes' Visionen vom Ende der Welt sind ein einziger dramatischer Protest gegen die römische Unrechtsherrschaft und die Verfolgung der Christen.

Und so düster sein Buch insgesamt getönt ist, so ist es doch – wie unser Predigttext zeigte – ein Buch der Hoffnung. Er will den bedrängten und verfolgten Mitchristen Trost spenden: Leid und Unrecht sollen nicht das letzte Wort behalten, sondern Gott.

»Und Gott wird« – wie Johannes in einem der für mich schönsten Sätze des Neuen Testaments schreibt – »und Gott wird alle Tränen abwischen von ihren Augen.« (7,17)

Im Vorschein dieser Hoffnung *können* und dürfen wir singen, ja, *wollen* wir singen und feiern: »Denn Gott wird alle Tränen abwischen von unseren Augen.«

Amen

Gegen das ungelebte Leben

Johannes 12,35-36

Liebe Gemeinde!

Was ist Glück?

Was ist »erfülltes Leben«?

Wir suchen es alle. Aber finden wir es?

Kommen wir zur Ruhe auf der Jagd nach dem Glück?

Sind wir glücklich? Fühlen wir uns innerlich erfüllt?

Hinter uns liegt der Jahreswechsel. Er ist für viele Anlaß zur Besinnung; Rückschau zu halten auf das, was gewesen ist, und Ausblick auf das, was vor uns liegt.

Wir fassen Vorsätze und machen Pläne. Wir setzen uns Ziele, große und kleine.

Wir wollen »etwas« erreichen in unserem Leben.

Vorwärtsdrängend, lassen wir uns von immer neuen Zielen bestimmen. So stecken wir unser Leben ab im Rahmen solcher Zukunftspläne.

Der Blick aufs Morgen, aufs Später leitet unsere Entscheidungen. Eins fügt sich ans andere: erst dies erreichen, dann das, dann jenes.

Mit der Schule beginnt es: ein guter Abschluß, um dann später besser voranzukommen; im Beruf geht es weiter: Erfolg, Anerkennung, bessere Entlohnung, Karriere.

Pläne für die Zukunft auch im familiären und häuslichen Leben: größere Anschaffungen werden ins Auge gefaßt, eine schönere Wohnung, der Bau des Hauses, die weitere Reise usw.

Glück, erfülltes Leben – wenn wir es auch jetzt noch nicht spüren, es muß sich doch, so hoffen wir, erreichen lassen – mit unseren Plänen für die Zukunft wird es sich doch einfangen lassen.

So arbeiten und leben wir für das Morgen. Rastlos vergeht ein Tag nach dem anderen in dieser Anstrengung.

Hin und wieder aber kann es passieren, daß der eine oder andere ins Stocken gerät und innehält. Der plötzliche Tod eines Menschen, aber auch kleinere, unscheinbare Ereignisse reißen ihn aus der Betriebsamkeit eines Lebens, stimmen ihn nachdenklich.

Inmitten seiner so scheinbar vernünftig zielstrebigen Lebensroutine beginnt er sich zu fragen: Ist das ein Leben? Was bisher so selbstverständlich schien, wird ihm plötzlich fragwürdig, der Frage, des Überdenkens würdig. Und er stellt sich die Frage, etwa so wie folgende Strophe im Text eines deutschen Liedermachers:

»Und das soll dann alles gewesen sein,
ein Leben ganz ohne den Wind?
Versorgt und verplant und ohne Idee,
was wir wollen und wer wir sind?«

Seufzend oder gar erschrocken blickt er um sich, betrachtet sein Leben und denkt:

Vor lauter Sorge voranzukommen, vor lauter Angst, nur keine Zeit zu verlieren, ist das Leben selbst an mir vorbeigegangen. Die Leere eines ungelebten Lebens bricht in seinen vorher normalen, geregelten Alltag ein.

»Und das soll dann alles gewesen sein?«

Augenblicke des Glücks haben sich nicht – oder nur selten – eingestellt, bei aller Zukunftsplanung, die das Glück doch herbeiführen sollte.

II

Warum dieses Gefühl der Leere? Was fehlt?

Am Bemühen, an der Anstrengung hat es nicht gemangelt.

Aber vielleicht gerade deswegen? Wegen des angestrengten Blicks auf die Zukunft?

Die rastlose Sorge für mein Vorankommen verlangt Opfer.

Das aber, was dabei geopfert wird, das, was auf der Strecke bleibt, dies hätte vielleicht Sinn geben können, hätte vielleicht das Gefühl von so etwas wie »erfülltem Leben« vermitteln können.

Was sind diese Opfer?

Ich denke, vor allem zwei: Wer keine Zeit verlieren will, der verliert sie gerade dadurch.

Immer nur an die Zukunft denken, das bedeutet doch zugleich, keine Zeit, keine Ruhe finden, sich im Jetzt aufzuhalten, keine Zeit, das bewußt wahrzunehmen, was der Augenblick – jeder neu – mir an Besonderem bietet.

Unter der Anspannung aufs Morgen werden wir stumpf und blind für das Heute, für das Leben jetzt.

Statt Gelassenheit macht sich Unzufriedenheit breit.

Das andere Opfer wiegt schwerer.

Die Sorge um *mein* Vorankommen, um den Aufbau *meiner* Zukunft macht mich blind und unempfindlich für den Menschen neben mir. Nur nicht zu sehr auf ihn eingehen, auf seine Probleme, seine Ängste oder seine Freuden – das kostet Zeit und Kraft, Zeit und Kraft, die ich selber brauche, wenn ich etwas erreichen will im Leben.

Unsere Begegnungen werden flüchtig und oberflächlich.

Kein Blick mehr in die Augen des anderen, der tief geht.

Verplantes Leben, das die Gegenwart und den Nächsten opfert für die Zukunft.

III

Jesus kannte die Not solch ungelebten Lebens.

Die Evangelien berichten uns, wie leidenschaftlich er die Menschen aus dieser Verkrampfung des Lebens hinauszuführen versucht.

»Wer sein Leben erhalten will, der wird es verlieren. Nur wer sich loslassen kann, wer sich befreien kann von der selbstbezogenen Sorge um seine eigene Zukunft, der wird das Leben gewinnen.«

Wie »erfülltes Leben« sich einfinden kann, macht Jesus am Bild der Vögel und der Lilien auf dem Felde deutlich: sie sorgen nicht – »und euer himmlischer Vater nährt sie doch. Seid ihr denn nicht viel mehr?«

Glück stellt sich nur dort ein, wo wir es nicht mit Anstrengung erzwingen wollen, sondern gelassen sind und von uns absehen.

»Solange du nach dem Glücke jagst«, schreibt der Dichter Hermann Hesse einmal, »bist du nicht reif zum Glücklichsein, und wäre alles Liebste dein.«

Was erfülltes Leben ist, das entscheidet sich jetzt, in jedem Augenblick des Lebens – die Frage kann nicht in die Zukunft verschoben werden.

Die Entscheidung fällt immer heute.

Das Johannes-Evangelium überliefert uns ein Wort Jesu, das diese Dringlichkeit des Augenblicks, des Jetzt deutlich macht.

Nach seinem Einzug in Jerusalem wendet sich Jesus an die Menschen, an Menschen, die alles Heil von der Zukunft erwarten. Johannes 12,35 heißt es:

»Da sprach Jesus zu ihnen:
Es ist das Licht noch eine kleine Zeit bei euch. Wandelt, solange ihr das Licht habt, damit euch die Finsternis nicht überfalle. Wer in der Finsternis wandelt, der weiß nicht, wo er hingeht. Glaubet an das Licht, solange ihr's habt, auf daß ihr des Lichtes Kinder werdet.«

Ihr Leben ist finster. Sie suchen das Licht, warten auf die schönere Zukunft – und merken nicht, daß das »Licht« bereits da ist, jetzt, unter ihnen.

Momente sinnvollen Lebens könnten sich *jetzt* auftun. Wenn wir sie wahrnehmen würden – und nicht aufs Morgen starren. In jedem Augenblick stecken Chancen eines gelungenen, sinnvollen Lebens, etwa

- die fragenden Augen des anderen, die *jetzt* um unseren Rat, unsere Antwort bitten;
- die Wunde des Verletzten, die *jetzt* verbunden werden muß;
- die Freude des anderen, die *jetzt* mit uns gefeiert und geteilt werden will.

»Es ist das Licht noch eine kleine Zeit bei Euch…«

Vielleicht ahnen wir es längst, daß anderes in unserem Leben wichtiger wäre als das, was uns in der Routine des Alltags auffrißt.

Aber – so beschwichtigen wir uns – »das hat ja Zeit, wenn ich das oder das erreicht habe, dann…«

Wir tun oft so, als hätten wir ewig Zeit.

Aber:

- der Ratlose kann morgen verzweifelt sein;
- der Verletzte kann morgen gestorben sein;
- der mit seiner Freude einsam bleibt, kann morgen vergrämt und verbittert sein.

»Es ist das Licht. noch eine kleine Zeit bei Euch…«

IV

Aber muß man nicht an die Zukunft denken, planen, über das Jetzt hinausschauen, wenn man etwas erreichen will im Leben? Was würde aus einem werden, wenn man die Zeit vergessen würde und sich zu sehr um andere kümmern würde?

Könnte unser Leben dann noch gelingen?

Ich möchte hierauf mit einer kleinen Geschichte von Bertolt Brecht antworten.

Der Städtebauer

Als sie nun die Stadt gebaut hatten, kamen sie zusammen und führten einander vor ihre Häuser und zeigten einander die Werke ihrer Hände. – Und der Freundliche ging mit ihnen, von Haus zu Haus, den ganzen Tag über, und lobte sie alle. Aber er selber sprach nicht vom Werk seiner Hände und zeigte keinem ein Haus. – Und es ging gegen Abend, da, auf dem Marktplatz, trafen sie sich wieder alle, und auf einem erhöhten Brettergerüst trat jeder hervor und erstattete Bericht über die Art und Größe seines Hauses und die Baudauer, damit man ausfinden konnte, welcher von ihnen das größte Haus gebaut hatte, oder das schönste und in wieviel Zeit. – Und nach seiner Stelle im Alphabet wurde auch der Freundliche aufgerufen. – Er erschien unten, vor dem Podium, und einen großen Türstock schleppend. – Er erstattete Bericht. – Dies hier, der Türstock, war, was er von seinem Haus gebaut hatte. – Es entstand ein Schweigen. Dann stand der Versammlungsleiter auf. – »Ich bin erstaunt«, sagte er und ein Gelächter wollte sich erheben. Aber der Versammlungsleiter fuhr fort: »Ich bin erstaunt, daß erst jetzt die Rede darauf kommt. Dieser da war während der ganzen Zeit des Bauens überall, über dem ganzen Grund und half überall mit. Für das Haus dort baute er den Giebel, dort setzte er ein Fenster ein, ich weiß nicht mehr, welches, für das Haus gegenüber zeichnete er den Grundplan. Kein Wunder weiter, daß er hier mit einem Türstock erscheint, der übrigens schön ist, daß er aber selber kein Haus besitzt.

In Anbetracht der vielen Zeit, die er für den Bau unserer Häuser aufgewendet hat, ist der Bau dieses schönen Türstocks ein wahres Wunderwerk, und so schlage ich vor, den Preis für gutes Bauen ihm zuzuerteilen.«

Mir scheint, er würde den Preis zu Recht bekommen. Ich denke, er hat begriffen, was es heißt, das das Licht nur eine kleine Zeit bei uns ist.

Ich glaube, Jesus hätte sich über ihn gefreut.

Amen

Trösten lernen

Jesaja 40,1-5 (6-8)

Liebe Gemeinde,
vielleicht kennen Sie das auch: Es gibt in der Bibel einige Stellen, die mir auf besondere Weise lieb geworden sind. Wenn sie anklingen, rühren sie mich eigenartig an.

Hierzu gehört der heutige Predigttext. Die Schönheit dieses Textes ist wie Musik. Eigentlich müßte man ihn singen – so, wie ihn Georg Friedrich Händel in der Anfangsarie seines Oratoriums »Der Messias« vertont hat.

Der Text steht bei (Deutero-)Jesaja im 40. Kapitel:

> »Tröstet, tröstet mein Volk! spricht euer Gott.
> Redet freundlich mit Jerusalem und predigt ihr, daß ihre Gefangenschaft ein Ende hat, daß ihre Schuld vergeben ist;
> denn sie hat doppelte Strafe empfangen von der Hand des Herrn für alle ihre Sünden.
> Es ruft eine Stimme:
> In der Wüste bereitet dem Herrn den Weg, macht in der Steppe eine ebene Bahn unserm Gott!
> Alle Täler sollen erhöht werden, und alle Berge und Hügel sollen erniedrigt werden, und was uneben ist, soll gerade, und was hügelig ist, soll eben werden;
> denn die Herrlichkeit des Herrn soll offenbart werden, und alles Fleisch miteinander wird es sehen; denn des Herrn Mund hat's geredet.
> (Es spricht eine Stimme: Predige! und ich sprach: Was soll ich predigen? Alles Fleisch ist Gras, und alle seine Güte ist wie eine Blume auf dem Felde.
> Das Gras verdorrt, die Blume verwelkt; denn Odem bläst darein. Ja, Gras ist das Volk!
> Das Gras verdorrt, die Blume verwelkt, aber das Wort unseres Gottes bleibt ewiglich.)«

I

»Tröstet, tröstet mein Volk! spricht euer Gott.«

Worauf beruht die besondere Wirkung dieser Worte?

Bevor wir sie noch im einzelnen begriffen haben, geht von ihnen eine eigentümliche Kraft aus. Warum?

Tröstet, tröstet mein Volk! – Die Worte reden von Trost.

Aber mehr als das: sie reden nicht nur *über* Trost, sondern sie sind selber – wenn wir sie hören – so etwas wie Trost. Sie verweisen nicht auf Trost, später, sondern spenden selber schon Trost.

So empfinde ich das.

Ich möchte diesem Eindruck, diesem Empfinden mit Ihnen näher nachgehen.

Warum wirken die Worte so stark?

Wie, auf welche Weise ist in ihnen vom Trost die Rede?

Dreierlei fällt mir auf.

1. »Tröstet, tröstet mein Volk, spricht *euer* Gott.«

Ein ganzes Volk muß getröstet werden. Nicht einige wenige – das Volk, Gottes Volk als ganzes (nicht nur einige Traurige unter ihnen sollen getröstet werden, sondern *alle*).

Gott will, daß *alle* Menschen getröstet werden.

Das heißt aber auch: Alle *bedürfen wir des Trostes*.

Trostbedürftig ist nicht nur dieser oder jener, sondern *jeder*.

Mancher mag denken: Trost ist nur etwas für Alte und Kranke, für die, die im Leben zu kurz gekommen sind.

Tröstet, tröstet alle!

Vielleicht hält mancher inne – und wird langsam gewahr, daß auch er Trost braucht – er, der so stark und fest mitten im Leben steht, erfolgreich nach außen.

»Tröstet, tröstet mein Volk, alle!«

Dieser Satz rührt an vernarbte Wunden, verdrängter Schmerz wird wieder frei.

Sich eingestehen, daß man Trost braucht, ist der Anfang des Trostes.

2. Damit hängt ein zweites zusammen.

»Tröstet, tröstet mein Volk! spricht euer Gott.«

Nicht der einzelne nur soll getröstet werden, sondern das ganze Volk.

Keiner ist mit seinem Kummer allein. Wir – du und ich – finden uns mit unserer privaten Sorge und Verzweiflung wieder und aufgehoben in der Gemeinschaft des ganzen Volkes Gottes, das Gott trösten will.

Es gibt kein Unglück, das nur uns persönlich träfe.

Und es gibt kein allgemeines Leiden auf dieser Welt, das uns nicht auch persönlich anginge.

Gottes Trost gilt nicht mir und dir allein. Er will uns als Volk, als eine Gemeinschaft trösten, die im Bewußtsein ihrer Trostbedürftigkeit zusammenhält.

Sich auch und gerade in der Trauer und im Unglück nicht zu verschließen, sondern offen zu werden für den Menschen neben mir, der auch des Trostes bedarf, offen zu werden für das bedrükkende Elend auf dieser Welt, das uns alle betrifft – dies bringt den Trost ein Stück weit auf den Weg: Gott will *alle* getröstet wissen.

3. Ein drittes fällt nicht sofort ins Auge.

»Tröstet, tröstet mein Volk!«

Der Trost ist keineswegs schon abgetan, erledigt, vollzogen. Er steht vielmehr erst noch aus. Gott ruft zum Trösten auf. Israel *soll* aus seiner Gefangenschaft befreit werden. Seine Schuld *soll* vergeben sein. Mit dem Elend *soll* es ein Ende haben.

Die Aufforderung zum Trost erwächst aus der großen Vision einer endlich befreiten Welt.

Der Trostruf verweist uns nach *vorn*.

In ihm steckt die Spannung eines Aufbruchs.

Aus der Spannung zu dem, was noch aussteht, gewinnt er seine Kraft – und seine Glaubwürdigkeit. Denn *noch* ist es nicht so, wie es verheißen ist.

Dies ist also kein billiger Trost, der es bei dem beläßt, wie es ist, der unsere Misere nur übertüncht.

Da heißt es nicht:

»Beruhigt euch, seid getrost, denn es ist alles gut.«

Nein, der Trost ist hier ein aufrüttelnder Aufruf:

»Tröstet, tröstet mein Volk, denn es *soll* gut werden.«

Es ist nicht gut, aber es soll gut werden, spricht euer Gott.

Gerade das ist tröstend, daß die Verheißung eines Besseren erneuert und bekräftigt wird – *gegen* das gegenwärtige Leid. Gott steht treu zu seiner Verheißung.

Israels – und unsere – Hoffnung wird erneut beschworen.

Keine Bescheidenheit, die sich ins Elend fügt, und die sich einreden läßt, daß alles halb so schlimm sei.

Nein: Die größte Hoffnung, daß sich alles wenden muß – dies ist wirklicher Trost. Trost, der die Hoffnung nicht verrät, sondern ihr treu bleibt.

Ohne solche Hoffnung bleibt unser Trost leer.

Wirklich getröstet werden wir nur, wenn wir auf die Utopie einer besseren Welt nicht verzichten, wenn wir der Verheißung und Hoffnung glauben.

II

Jesajas Trostruf fasziniert uns und berührt uns tief. Warum?

Vielleicht weil wir merken, wie sehr wir verlernt haben, was wirklicher Trost bedeutet, weil wir nicht mehr trösten können.

Trost – trösten, haben diese Worte bei uns nicht eher einen schalen Beigeschmack?

Billiger Trost, vertrösten – wir trauen dem Trost nicht, durchschauen ihn oft als Lüge.

Ich glaube, wir können von Jesaja wieder lernen, was Trost bedeutet, was Trösten heißt.

Mir scheint, daß wir genau das vergessen haben, was uns an Jesajas Trostruf so besonders angesprochen hat.

1. Fällt es uns denn leicht, uns und anderen gegenüber offen einzugestehen, daß wir Trost brauchen?

Schämen wir uns nicht eigentlich? Wer Trost braucht, gilt als schwach – wer will sich diese Blöße geben?

Wer Erfolg haben will, wer sich durchsetzen will – zu Hause, im Beruf, in der Schule, im gesellschaftlichen Leben – der muß allein durchkommen, sich durchbeißen. Nur nicht auf andere angewiesen sein. Wer stark sein will, muß sich abhärten – und er verhärtet sich.

Ich denke: Wir können einander so schlecht trösten, weil wir uns nicht trösten lassen können.

2. Das zweite hängt daran.

Trost, Situationen, in denen Menschen Trost brauchen, haben manchmal etwas Peinliches. Betretenes Schweigen macht sich breit.

Wir neigen daher gern dazu, Trost als eine private Angelegenheit zu betrachten, als etwas, das nur den Einzelnen angeht, nur hinter verschlossenen Türen seinen Platz hat.

Vergessen wir darüber aber nicht das viele Elend draußen, das uns alle bedrückt, bedrücken sollte?

Bedürfen wir nicht angesichts einer Welt, in der der Frieden gefährdet ist, in der der Hunger wächst, in der Menschen täglich gefoltert und gequält werden, eines lauten, öffentlichen Trostes, eines gemeinsamen Trostes, der uns alle verbindet?

Vielleicht können wir so schlecht trösten, weil jeder nur Trost für sich, nicht aber den Trost für alle, für die Menschheit, sucht.

3. Entscheidend aber scheint mir das folgende zu sein:

Wir können so schlecht trösten, weil wir keine Hoffnung mehr haben. Uns ist die große Vision, die den Jesaja zu seinem faszinierenden Trostruf getrieben hat, abhandengekommen.

Weil wir resigniert haben, können wir Trost nur als billigen Trost und Vertröstung verstehen.

An die Stelle der Hoffnung ist ein Sich-Abfinden mit dem Lauf der Welt getreten.

»Es ist ein Trost,
der fest besteht,
Daß beides, gut und schlimm, vergeht.«

heißt es in einem Gedicht bei Gerhart Hauptmann.

Dies ist ein bescheidener, dürftiger Trost. Erwarten wir nicht mehr, als daß gute und schlechte Zeiten sich abwechseln wie die Jahreszeiten? Darin soll ein Trost liegen, daß man sich mit diesem ewigen Reigen abfindet?

Jesaja will mehr, sein Trostruf für Israel ist radikaler.

Die Gefangenschaft Israels soll ein für allemal beendet sein. Eine neue Zeit bricht an. Die Herrlichkeit des Herrn soll offenbar werden.

Damit wird es nicht nur ein bißchen besser, sondern es wird grundlegend neu, die alten Gesetze wandeln sich, die Maßstäbe kehren sich um:

Was unten ist, kehrt nach oben;
das Tal erhebt sich,
die Berge senken sich.
Was krumm ist, wird gerade;
was hügelig ist, wird eben.

Wir haben uns daran gewöhnt, solch radikale Vorstellungen nicht ernst zu nehmen.

Visionen eines anderen Lebens, in dem nicht mehr die Mächtigen die Ohnmächtigen unterdrücken, in dem die, die bislang gebückt gehen mußten, aufatmen und aufrecht gehen können.

Visionen also einer anderen Welt, in der Gerechtigkeit und Gleichheit herrschen, tun wir – Realisten – gern als bloße Utopien ab.

Aber die Visionen und Utopien der Propheten können zwar verharmlost und abgetan werden, aber sie lassen sich nicht aus der Welt schaffen. Sie wirken weiter – und entfachen immer neu die Hoffnungen der Menschen.

Wir erleben gegenwärtig, wie eine solche prophetische Vision – gerade unter jungen Christen wieder neu zu Kraft und Geltung kommt.

Die Verheißung einer Welt, in der Schwerter zu Pflugscharen geschmiedet werden – wie sie die Propheten Jesaja und Micha beschworen haben – wird zum Erstaunen derer, die sich für Realisten halten, von nicht wenigen Christen plötzlich wieder ernst genommen und als lebendige Hoffnung geglaubt.

Für sie sind die Verheißungen der Propheten Trost, Trost in einer Welt, die in der Gefangenschaft der Rüstung lebt und aus ihr nicht herauskommt.

Aber – so könnten die Realisten jetzt einwenden, die die Utopien für leere schöne Worte halten –:

Was ist denn aus Jesajas Verheißung geworden? Wo ist das angekündigte Heil geblieben?

Hoffen und Harren macht manchen zum Narren.

Sicher.

Die Verheißung des Jesaja steht noch aus…

Kann uns Jesaja darum bloß vertrösten?

Doch sehen wir genauer hin. Hören wir genauer auf seinen Trostruf. Da finden wir ein Doppeltes:

Zuerst kündigt er die Verheißung an: »Redet freundlich mit Jerusalem und verkündigt, daß ihre Gefangenschaft zu Ende geht.«

Und dann ruft er alle auf: »Bahnt dem Herrn einen Weg durch die Wüste…«

Haben wird denn diesen Aufruf uns wirklich schon zu Herzen genommen?

Wie kann man an die Jesajas Verheißung einer gerechten Welt glauben, daß Gottes Herrlichkeit offenbart wird, daß also unsere gewohnten Maßstäbe (von oben und unten) umgekehrt werden sollen, daß Gleichheit und Gerechtigkeit herrschen sollen, (wie kann man an diese Verheißung glauben) und gleichzeitig so weiterleben wie bisher: stärker, erfolgreicher sein wollen als die anderen, mächtiger als die anderen, sei's im privaten, sei's im politischen Bereich?

Wer auf die Verheißung nur tatenlos wartet, der wird sie verfehlen.

Die Ankunft des Herrn erwarten, dies heißt, daß wir dem Herrn den Weg ebnen.

Wir sollten nicht nur Advent feiern, sondern im Advent leben
Laßt uns dem Herrn den Weg bahnen,
laßt uns die alten Maßstäbe der Stärke aufgeben –
dann lernen wir auch wieder trösten.

Amen

Andachten

Die folgenden Texte stellen keine Predigten im herkömmlichen Sinne dar, also Reden, die sich in den größeren liturgischen Rahmen eines Gottesdienstes fügen.

Der Ort dieser Texte sind offene Formen einer Andacht oder Meditationen in eher kleineren Kreisen.

Die Marburger *Schloßandachten* finden in den Sommermonaten sonntags mittags in der kleinen (spätgotischen) Kapelle des Marburger Schlosses statt. Neben Angehörigen der Marburger Theologischen Fakultät und der Universitätsgottesdienstgemeinde nehmen daran auch zufällig anwesende Schloßbesucher teil. Bis auf einen Altarstein ist die Kapelle leer. Eine Bestuhlung fehlt, um den kunsthistorisch wertvollen Steinfußboden zur Geltung kommen zu lassen. Transportable kleine Sitzhocker können je nach Bedarf im Raum verteilt werden. So kann bei der Gestaltung der Schloßandachten, für die es keine vorgegebenen (liturgischen) Muster gibt, die Bewegung der Teilnehmer im Raum miteingeplant werden.

Die Marburger *Universitätsandachten* werden in den Semestern wöchentlich freitags abends von katholischen und evangelischen Studierenden veranstaltet, meist in Räumen der Katholischen oder Evangelischen Studentengemeinde. Die Wortbesinnung wird von gemeinsamen Liedern, Schriftlesung und Gebet umrahmt.

Die Texte zu den Schloßandachten beziehen sich auf den szenischen Gesamtverlauf der jeweiligen Veranstaltung. Das In-Szene-Setzen kann hier auch auf andere Medien wie Raumerfahrung, Bewegung sowie Bilder und Musik zurückgreifen.

Meditation zu Raum und Text

Marburger Schloßandacht – Offenbarung 21,1-5

Vorspruch

In der heutigen Schloßandacht soll uns ein Text *bewegen*. Es ist nicht der für diesen Sonntag vorgesehene Perikopentext, sondern der für die heute stattfindende Abschlußveranstaltung des Kirchentages in Frankfurt ausgewählte Abschnitt aus der Offenbarung – als Ausdruck der Verbundenheit.

Dieser Text ist eine Vision. Eine Vision, in der gute Zukunft aufscheint; formuliert in Bedrängnissen der Vergangenheit; wiedergehört in einer Gegenwart, die Bedrängnisse, neue und andere, kennt, aber der Hoffnung auf Zukunft immer unsicherer wird. Eine alte Vision – die immer neu Menschen bewegt hat.

In der Andacht soll nicht nur an diesen Text gedacht werden, sondern auch an den Raum, in dem wir uns versammelt haben. Es soll versucht werden, Text und Raum zusammenzubringen.

Wir wollen uns vom Text bewegen lassen – und uns selbst in diesem Raum bewegen. Damit wir nicht nur hören, sondern auch sehen und spüren, in Ansätzen zumindest. Der Ausgangspunkt dieser kleinen Bewegung ist die ungewohnte Sitzanordnung zu Anfang: mit dem Blick zurück zur Tür, wo wir herkommen, und dem Rücken zu Kreuz und Altar.

Eingangspsalm

Herr, wie lange willst du mich so ganz vergessen?
Wie lange verbirgst du dein Antlitz vor mir?
Wie lange soll ich sorgen in meiner Seele und mich
ängsten in meinem Herzen täglich?
Schaue doch und erhöre mich, Herr, mein Gott!
Erleuchte meine Augen, daß ich nicht im Tode
entschlafe. (Psalm 13)

Lied: »Tut mir auf die schöne Pforte...« EKG 129,1-2

Der Aufstieg

Wir blicken zur Tür, durch die wir gekommen, zur Treppe, auf der wir hinaufgestiegen sind. Woher kommen wir? Was liegt unter uns, in der Stadt, in der wir leben, jeden Tag?

Warum sind wir von da unten nach hier oben aufgestiegen? Was suchen wir hier oben? Was, das wir unten, in unserer Stadt nicht finden? Ist es Gott, den wir hier suchen und den wir unten nicht finden können? Erscheint uns die Gegenwart unten gottlos und heillos? Der Anblick unserer Gegenwart zeugt resignative Stimmungen. Unsere Welt ist alt geworden – und früh schon wir.

GÜNTER KUNERT: ALTWERDEN

Die Welt ist müde
geworden wie
die alte Katze mit räudigem Fell
mit blindem Blick
müde ihr Schicksal erwartend
von dem sie
nichts weiß.

Hinter dem Fenster
im fallenden Glast eines flüchtigen Tages
die Augen geschlossen
müde und eingesunken
der Leib.
Jeder Atemzug
führt sie weiter fort
wohin
keine Träume folgen.

Endzeitgefühle breiten sich aus, Katastrophenängste und Apokalypsen scheinen nicht nur modisch, sondern auch realistisch zu sein. »Der Eisberg kommt auf uns zu, unwiderruflich.« So Hans Magnus Enzensberger zum Kurs der Titanic, auf der wir sind.

Gesellschaftliche Utopien verblassen, Hoffnung ist erschöpft. Noch einmal

GÜNTER KUNERT: GESELLSCHAFT

Unerfüllt nach so langer Zeit
ist jede Hoffnung ausgebrannt
und an jedem Tag
das Dunkel darum unsere Gesellschaft

Die Zukunft
eine ferne Ruine am Horizont
unbewohnbar
Zwischen uns allen Asche
Undeutliche Formen fahlen Erinnerns
Da hilft
kein Schüren kein Stochern

Vielleicht fliegt einmal noch
ein Funke
aber nicht größer
als dies Gedicht.

»Die Zukunft – eine ferne Ruine am Horizont«. Und wo gesellschaftlich »jede Hoffnung ausgebrannt ist«, was vermag dagegen das Wünschen und Sehnen des einzelnen? Wir leben, und täglich neu brechen wir auf, angetrieben – wie zaghaft auch immer – von irgendeiner Hoffnung … wie lange noch? Wann ermüdet auch diese? Wann enttarnen wir unsere Hoffnungen als Illusionen, die uns narren?

CHARLES BAUDELAIRE: DIE REISE

Erstaunlich seid ihr Reisenden!
Sagt, was habt ihr gesehen?
Wir brechen eines Morgens auf, das Hirn voll Glut, das Herz geschwellt von Groll und ätzenden Begierden, und wie die Woge auf und nieder schaukelt, wiegt unsere Unendlichkeit sich auf der Endlichkeit der Meere.
Wir eifern, o Entsetzen! dem Kreisel und der Kugel nach in ihrem Walzer und ihren Sprüngen; selbst im Schlafe hetzt und rollt die Neugier uns, grausam wie ein Engel, der Sonnen peitscht.
Seltsames Los,wo das Ziel sich verschiebt und, da es nirgend ist, überall sein kann! Wo der Mensch, den die Hoffnung unermüdlich treibt, um Ruhe zu erlangen, wie ein Verrückter läuft!
Und dann, und dann, was noch?
Bitteres Wissen, das man von der Reise mitbringt! Die Welt, eintönig, eng und klein, heut, gestern, morgen, immer zeigt

sie uns unser Bild: eine Oase des Grauens in einer Wüste der Langeweile!

O Tod, alter Kapitän, es ist Zeit! Laß uns die Anker lichten!

Dieses Land hier sind wir leid, o Tod! Laß uns ausfahren!

Ob Meer und Himmel auch schwarz wie Tinte sind, unsre Herzen, die du kennst, sind voller Strahlen!

Zur Tiefe des Unbekannten, etwas *Neues* zu erfahren!

Wende/Blickwechsel

Stille (evtl. Musik oder Lied)

Wohin wollen wir?

Was suchen wir?

Wir stehen auf, wenden uns um,

blicken nach vorn, gehen nach vorn.

Hier – vor den Fenstern, vor den Lichtern, vor dem Altar nehmen wir Platz.

Hier – wo ist hier?

Ein Ort – wo? – Welch ein Raum?

Wir sind »über« der Stadt, von ihr aufgestiegen, ihr und ihrem Leben enthoben.

Wir blicken in Helles. Die opaken Scheiben der Fenster geben den Blick nicht frei, aber ihm Licht. Wir sehen keinen Himmel, der schwarz wie Tinte ist.

Was verbergen die Fenster? Von welchem Draußen schirmen sie uns hier ab? Birgt uns dieser Raum, oder isoliert er?

Davor und vor uns – einsam der Stein des Altares mit dem Kreuz, den Kerzen.

Um ihn Ruhe – und Leere.

Wir sehen – und sehen doch nicht.

Wir sehen in dem, was da ist, zugleich das, was abwesend ist.

Und wir sehen – und spüren eine Schwelle.

Eine Schwelle, die uns von dem Raum dort um den Altar trennt.

Eine Schwelle, die zu übertreten, wie unbewußt auch immer, Scheu hervorruft.

Wir achten diese Schwelle. Warum?

Wir verwischen sie nicht.

Der Raum hinter der Schwelle ist nicht heilig, auch nicht die

Dinge in ihm. Das Heilige oder Gott sind auch hier nicht gegenständlich anwesend.

Aber die Schwelle markiert, daß unser Leben – diesseits der Schwelle – nicht heilig, sondern heillos ist, daß Gott uns fehlt. Daß dies so ist, sehen wir hinter der Schwelle.

In diesem Raum wird also anschaulich, daß unser heilloses Leben eine Grenze hat.

Das Schwarz des Meeres und des Himmels ist nicht endlos.

Ein Horizont zieht Grenzen.

An der Grenze werden Visionen vom anderen möglich.

In diesen Visionen an der Schwelle sehen wir unser Leben hier – und was ihm fehlt.

INGEBORG BACHMANN

»Denn die Tatsachen, die die Welt ausmachen, –
sie brauchen das Nichttatsächliche,
um von ihm aus erkannt zu werden.«
(Der Fall Franza)

Die Vision

Der Seher von Patmos will die von der römischen Weltmacht bedrohte und verfolgte Christengemeinde trösten. Seine schaurigen Schilderungen der Endzeit münden in eine Vision, deren Freundlichkeit sich abgrenzt von der Grausamkeit der vorangegangenen Bilder. Sie zeigt das ganz andere jenseits der Katastrophe.

OFFENBARUNG 21,1-5

Und ich sah
einen neuen Himmel und eine neue Erde;
denn der erste Himmel und die erste Erde
sind vergangen,
und das Meer ist nicht mehr.

Und ich sah die heilige Stadt,
das neue Jerusalem,
von Gott aus dem Himmel herabgekommen,
bereitet wie eine geschmückte Braut für ihren Mann.

Und ich hörte eine große Stimme
von dem Thron her, die sprach:
Siehe da,
die Hütte Gottes bei den Menschen!
Und er wird bei ihnen wohnen,
und sie werden sein Volk sein,
und er selbst,
Gott mit ihnen,
wird ihr Gott sein;

und Gott wird abwischen alle Tränen von ihren Augen,
und der Tod wird nicht mehr sein,
noch Leid noch Geschrei noch Schmerz wird mehr sein;
denn das Erste ist vergangen.

Und der auf den Thron saß, sprach:
Siehe, ich mache alles neu!

Annäherungen
Bilder sagen mehr als Worte. Sie sind offen und zwingen nicht nur in eine Richtung. Ihr Betrachter bleibt nicht außen, beim Über-Blick, sondern wird hineingenommen und erhält Aus-Blikke. Drei Ausblicke, die die Vision mir gibt, will ich umschreiben.

1. Zwischen uns Gott
Die Abwesenheit Gottes wird ein Ende haben. »Siehe da, die Hütte Gottes bei den Menschen!« – »Gott hat sein Zelt aufgeschlagen unter den Menschen.« Gott wohnt bei den Menschen.

Zwischen den Menschen ist Gott, nicht über den Menschen. Die heiligen Tempel sind ein Vorschein dessen, daß zwischen uns Menschen mehr sein wird, als jetzt zwischen Menschen ist. Nun aber keine Tempel und heiligen Orte mehr. Gott wohnt unter den Menschen, in einer Hütte, in einem beweglichen Zelt. Unter uns, zwischen uns: Gott.

Was zwischen den Menschen ist, ist nicht länger zerbrechlich: Gemeinschaft.

2. Die Stadt

Der Überdruß am Alten, die Verzweiflung an der Gegenwart verleitet zu Fluchten. Fluchten nach rückwärts. Ausstieg aus Geschichte und Kultur – Rückkehr zur Unschuld des einfachen Lebens. Natur als Idylle der Erlösung. Die Vision des Johannes weist einen anderen Weg. Sie führt nicht zurück ins Paradies, in den Garten der zwei Menschen, sondern in die Stadt, auf die Straßen und Plätze der vielen Menschen. Geschichte und Kultur gehen ein in diese Vision vom himmlischen Jerusalem. Nicht hinter die Stadt zurück, sondern über sie hinaus. Babylon ist gescheitert, nicht die Stadt. »Siehe, ich mache alles neu!« Es gibt eine Hoffnung auf die Stadt, die erneuerte Stadt: das himmlische Jerusalem, die heilige Stadt. Gott in der Stadt – das ist die Hoffnung der heillosen und trostlosen Städte.

3. Tränen werden abgewischt.

Sind Träume einer besseren Welt Illusionen? Unnütz oder gar gefährlich? Utopien, die die andere, bessere Zukunft bis ins Detail ausgemalt haben, sind immer wieder zwanghaft geraten. Die schöne neue Welt – als Anfang neuen und erneuerten Zwangs.

Die Vision des Johannes enthält keine positive Utopie. Das Neue bleibt rückverwiesen ans Alte, ist bestimmte Negation des Alten. Johannes sieht, was *nicht* mehr sein wird: kein Tod mehr; kein Leid mehr; kein Geschrei mehr; kein Schmerz mehr. Gott ist *nicht* mehr abwesend.

Es gibt Glücksversprechen, die daraus leben, das Leid zu vergessen, das Leid und das schreiende Unrecht. In die Vision des Johannes geht die Erinnerung ans Leid ein. Erinnerung ans Leid und Vision gehören zusammen.

Dies findet seinen deutlichsten Ausdruck darin, daß die himmlische Stadt der Ort ist, an dem »Gott wird abwischen alle Tränen von ihren Augen«. Von dieser Vorstellung her – für mich eines der tiefsten und schönsten Bilder Gottes – wird die Vision eines neuen Jerusalems definiert. Der Gott, der zwischen und mit den Menschen wohnt, ist der, der »alle Tränen abwischt von ihren Augen«.

Das ist keine Sentimentalität. Die neue Stadt lebt nicht im kalten Glanz erinnerungslosen Glücks, sondern im Gedächtnis der Leidenden der Vergangenheit. *Ihre* Tränen wird Gott abwischen. Die Tränen, die wir nicht verhindert haben, nicht abgewischt haben und nicht abwischen konnten. Hierin liegt der unüberbietbare Trost der Vision vom neuen Jerusalem – in der »Hoffnung, daß es bei diesem Unrecht, durch das die Welt gekennzeichnet ist, nicht bleibe, daß das Unrecht nicht das letzte Wort sein möge« (Horkheimer).

Gott wird sich der Opfer und Geopferten erinnern und ihre Tränen abwischen – diese Vision aufzugeben, auf diese Hoffnung zu verzichten, hieße, zynisch mit dem Unrecht zu paktieren. Darum brauchen wir Visionen. Um unsere Realität realistisch zu sehen. Um den Anblick der unter die Räder Gekommenen ertragen zu können.

Die Vision vom himmlischen Jerusalem, in dem Gott die Tränen von ihren Augen abwischt, ist die Hoffnung, »daß der Mörder nicht über das unschuldige Opfer triumphieren möge« (Horkheimer).

In die Vision gehen

Laßt uns unsere alten Plätze verlassen! Folgen wir der Vision. Übertreten wir gemeinsam die Schwelle. Laßt uns um den Altar versammeln. Nicht mehr nebeneinander, getrennten Blickes nach vorn und oben, sondern gemeinsam einander anblickend – der Altar zwischen uns und bei uns. Gemeinsam lesen wir die Vision des Johannes:

Und ich sah
einen neuen Himmel und eine neue Erde;
denn der erste Himmel und die erste Erde
sind vergangen, und das Meer ist nicht mehr.

Und ich sah die heilige Stadt, das neue Jerusalem,
von Gott aus dem Himmel herabgekommen,
bereitet wie eine geschmückte Braut für ihren Mann.

Und ich hörte ein große Stimme von dem Thron her, die sprach:

Siehe da, die Hütte Gottes bei den Menschen!
Und er wird bei ihnen wohnen,
und sie werden sein Volk sein,
und er selbst, Gott mit ihnen, wird ihr Gott sein;

und Gott wird abwischen alle Tränen von ihren Augen,
und der Tod wird nicht mehr sein,
noch Leid noch Geschrei noch Schmerz wird mehr sein;
denn das Erste ist vergangen.

Und der auf dem Thron saß, sprach:
Siehe, ich mache alles neu.

Vision und Erinnerung: »Und Gott wird abwischen alle Tränen von ihren Augen« – dies gilt konkret, für jeden einzelnen, dessen Tränen bis heute nicht getrocknet sind.

Sprechen wir diese Vision nach und erinnern uns – jeder von uns, sei es laut, sei es in der Stille – an *einen* besonderen Menschen, dessen Tränen wir nicht vergessen wollen. »Und Gott wird abwischen alle Tränen von ihren Augen« – zum Beispiel die Tränen des kleinen jüdischen Jungen, der in Auschwitz von seiner Mutter getrennt wird ... (Stille... Gelegenheit zur Anrufung weiterer Beispiele...)

Rückkehr
Wir blicken auf unsere alten Plätze. Dort ist unser Ort, nicht hier. Wir kehren zurück – mit der Vision in Kopf und Herz. Die Zukunft – nicht »eine ferne Ruine am Horizont«, sondern die neue Stadt. Mit der Vision kehren wir in die alte Stadt zurück.

ERICH FRIED

Wer will
daß die Welt
so bleibt
wie sie ist
der will nicht
daß sie bleibt

Wir brauchen die Vision – und die Vision braucht uns. Nur die Vision reißt uns aus den Illusionen über die Gegenwart.

CHRISTA WOLF

»Wir waren dankbar, daß gerade wir das höchste Vorrecht,
das es gibt, genießen durften,

in die finstere Gegenwart, die alle Zeit besetzt hält,
einen schmalen Streifen Zukunft vorzuschieben.«
(Kassandra)

Martin Luther King hatte einst einen Traum und kämpfte. Er kann uns lehren »wie man mit beiden Beinen auf Erden träumt«. (Christa Wolf, Kassandra)

Darum wollen wir gemeinsam beten:
Vater unser *im Himmel.*
Geheiligt *werde* dein Name.
Dein *Reich* komme.
Dein Wille *geschehe*,
wie im Himmel, so auf Erden.
Unser tägliches Brot gib uns heute.
Und vergib uns unsere Schuld,
wie auch wir vergeben unseren Schuldigern.
Und führe uns nicht in Versuchung,
sondern erlöse uns von dem Bösen.
Denn dein ist das Reich
und die Kraft und die Herrlichkeit
in Ewigkeit.
Amen.

Lied: »Sonne der Gerechtigkeit« (EKG 218,1.2.5)

Segen
Der Herr helfe uns,
mit beiden Beinen auf Erden zu träumen.
Es segne und behüte uns
Gott der Allmächtige und Barmherzige,
Vater, Sohn und Heiliger Geist.

Pflicht oder Hoffnung? Kleine Grammatik des Handelns

Marburger Schloßandacht – 1. Petrus 3,8-17

Lied/Musik

Grammatische Variationen
Der falsche Indikativ

Wir sind untereinander einig. Wir sind mitfühlend. Wir sind liebevoll zueinander. Wir sind barmherzig. Wir sind hilfsbereit.

Wir vergelten nicht Böses mit Bösem. Wir reagieren auf Beschimpfungen nicht unsererseits mit Beleidigungen. Wir wünschen unseren Gegnern vielmehr Gutes.

Wir reden nichts Böses. Wir belügen einander nicht. Wir wenden uns ab vom Bösen und tun Gutes. Wir suchen den Frieden und jagen ihm nach. Wir sind furchtlos. Wir zeigen Zivilcourage. Wir verraten unsere Grundsätze nicht, sondern nehmen um der Gerechtigkeit willen Nachteile in Kauf. Wir lassen uns nicht einschüchtern. Wir sind nicht erpreßbar oder bestechlich. Wir sind sanftmütig und haben ein gutes Gewissen. Denn wir heiligen Christus in unserem Herzen.

Wenn wir nicht trunken oder blind sind, wissen wir: Wir sind es *nicht*.

Der Indikativ ist falsch. Der Indikativ ist eine Lüge.

Der andere Indikativ: futurisch

Setzen wir vor alle Sätze mit dem Indikativ nur einen kleinen Vor-Satz, etwa so:

»Ich habe einen Traum:

Die Menschen sind untereinander einig. Sie sind mitfühlend und liebevoll zueinander, barmherzig und hilfsbereit. Sie vergelten nicht länger Böses mit Bösem. Ihren Gegnern zahlen sie es nicht heim, sondern sie segnen sie. Sie belügen einander nicht.

Sie tun Gutes. Sie suchen Frieden. Sie sind furchtlos und bereit, um der Gerechtigkeit willen zu leiden. Sie sind mutig und zugleich sanftmütig. Sie haben ein gutes Gewissen.«

Mit diesem Vor-Satz sind diese Sätze keine Lüge mehr. »Ich habe einen Traum.« Der Indikativ beschreibt nun eine Vision. Die Sätze sind wahr – nicht, weil sie der Wirklichkeit entsprechen, sondern weil sie der Hoffnung entsprechen. Unserer Hoffnung?

»Seid immer bereit, euch vor allen zu verantworten, die Rechenschaft fordern über die Hoffnung, die ihr habt.«

Der Konjunktiv

Aus dem Indikativ, der abhängt von dem Vor-Satz einer Vision, wird – folgen wir der Grammatik – ein Konjunktiv: »Wir würden untereinander einig sein. Wir könnten untereinander einig sein, mitfühlend und liebevoll zueinander, barmherzig und hilfsbereit.« Oder auch ein Optativ: »Wir wollen untereinander einig sein!« – »Wir wünschen, wir wären untereinander einig, mitfühlend, liebevoll, barmherzig und hilfsbereit.« – »Wir wollen es.«

Die Sätze des Traums, die Sätze der Vision, die Sätze der Hoffnung beschreiben nicht, was ist, sondern was wäre. Was im Indikativ pure Lüge ist, kann im Konjunktiv auf unsere Zustimmung rechnen. Wir sind nicht, aber wir wollen.

Der Imperativ

Wir lesen nun den Predigttext für den heutigen vierten Sonntag nach Trinitatis und achten auf die Grammatik, denn seinen Inhalt kennen wir ja bereits:

> »Seid allesamt gleichgesinnt,
> mitleidig,
> brüderlich,
> barmherzig,
> demütig.
> Vergeltet nicht Böses mit Bösem oder Scheltwort mit Scheltwort, sondern segnet vielmehr, weil ihr dazu berufen seid,

daß ihr den Segen ererbt.
›Denn wer das Leben lieben und gute Tage sehen will,
der hüte seine Zunge, daß sie nichts Böses rede,
und seine Lippen, daß sie nicht betrügen.
Er wende sich ab vom Bösen und tue Gutes;
er suche Frieden und jage ihm nach.
Denn die Augen des Herrn sehen auf die Gerechten,
und seine Ohren hören auf ihr Gebet;
das Angesicht des Herrn aber steht wider die, die Böses tun.‹
(Psalm 34,13-17)
Und wer ist's der euch schaden könnte, wenn ihr dem Guten nacheifert?
Und wenn ihr auch leidet um der Gerechtigkeit willen, so seid ihr doch selig.
Fürchtet euch nicht vor ihrem Drohen und erschreckt nicht;
heiligt aber den Herrn Christus in euren Herzen.
Seid allzeit bereit zur Verantwortung vor jedermann, der von euch Rechenschaft fordert über die Hoffnung, die in euch ist,
und das mit Sanftmut und Gottesfurcht,
und habt ein gutes Gewissen, damit die, die euch verleumden, zuschanden werden, wenn sie euren guten Wandel in Christus schmähen. Denn es ist besser, wenn es Gottes Wille ist, daß ihr um guter Taten willen leidet, als um böser Taten willen.«

Der Text ist etwas ausführlicher, enthält Umschreibungen und begründende Erläuterungen. Aber im Kern haben die Sätze den gleichen Inhalt, und doch hat die Grammatik den Sinn verändert. Die Sätze beschreiben ein Sollen, sie schreiben vor.

Wir sind beim Imperativ gelandet. Was ändert sich damit? Vergleichen wir den Imperativ mit dem Indikativ vom Anfang.

Der zwiespältige Realismus des Imperativs

Im Imperativ erziehen die Sätze uns zum Realismus. Es ist nicht so, daß wir untereinander einig sind, einfühlend, liebevoll, barmherzig und hilfsbereit. Was sein soll, ist eben noch nicht.

Nein, da wollen wir uns nichts vormachen, nichts verharmlosen, nichts überspielen.

Der Imperativ spricht die Wahrheit aus. Wenn er sagt, was sein soll, sagt er immer auch, was nicht ist.

Dies ist der nüchterne Realismus der Wahrheit.

Dieser Realismus des Imperativs ist darin aber zugleich trostlos und entmutigend.

Er macht Mängel bewußt, legt die Finger auf die Wunden.

Je mehr der Imperativ uns ermahnt, wie wir sein *sollen*, wie wir uns verhalten *sollen*, desto stärker empfinden wir, wie wir nicht *sind*, wie wir uns nicht verhalten.

Wie sollen wir uns da herausreißen?

Der Imperativ ernüchtert uns, aber er entmutigt auch.

Wie wir sind – und wie wir sein sollen: der Imperativ macht die Kluft deutlich.

Er fordert und nimmt in Pflicht. Und der Indikativ gibt dem Imperativ recht.

Die Pflicht hat recht.

Aber gibt der Imperativ uns auch die Lust zum Sollen, die Lust zum Anders-Sein?

Der Konjunktiv: die Lust zum Imperativ.

Wie verhält sich nun der Imperativ zum Konjunktiv in der zweiten Variation unserer Sätze?

Die Sätze im Konjunktiv haben eine Vision gemalt.

Sie haben geschildert, wie es sein könnte.

Der Imperativ muß ihm nicht widersprechen wie dem falschen Indikativ. Der Indikativ hatte gelogen, der Konjunktiv nicht: Was er zum Ausdruck brachte, entspricht unserer Hoffnung. Der Imperativ, der *hier* anknüpft, klingt anders als der Imperativ, der sich dem Indikativ entgegenstellt. Der Imperativ, der aus dem Konjunktiv folgt, ist kein Imperativ der bloßen Pflicht, des puren Sollens. Der Konjunktiv führt uns in eine Welt, in eine Form menschlichen Zusammenlebens, die verlockend ist und anziehend.

… nicht länger zerstritten, sondern einig untereinander, Mitgefühl füreinander, liebevolles Zugehen aufeinander, Barmherzigkeit, wechselseitige Fürsorge … nicht länger regiert das Vergeltungsdenken, nicht mehr das Motto: Wie du mir, so ich dir, sondern zuvorkommende Freundlichkeit … angstfrei, selbstbewußt, mit Zivilvourage, guten Gewissens leben …

Das ist der Vorschein eines *anderen* Lebens. Hieran entzündet sich die Hoffnung, weckt unser Begehren, schafft Lust und Neigung zum anderen Leben. Den Imperativ an diesen Konjunktiv der Hoffnung zu hängen heißt darum, an den *Wunsch* zu appellieren, nicht an die abstrakte Pflicht. »Wer das Leben lieben und gute Tage sehen will« – diese Aussicht auf gelingendes Leben ermuntert. Damit macht der Imperativ Lust.

Hoffnung verpflichtet.

Wir wissen, daß vor dem Imperativ der Indikativ steht, vor dem Anspruch zuvor der Zuspruch. Dieser Indikativ ist freilich ein anderer als der Indikativ des Realismus. Es ist der Indikativ des Glaubens. Was ihn vom Indikativ des Realismus unterscheidet, ist jene Hoffnung, die in ihm lebt. Der Indikativ des Glaubens trägt den Konjunktiv bei sich. Wir können also auch sagen: Der Imperativ lebt aus dem Konjunktiv, aus dem Konjunktiv der Hoffnung. Die Hoffnung, die wir haben, verpflichtet. Handeln aus Hoffnung hat ein fröhlicheres Gesicht als das Handeln aus Pflicht.

Die Pflicht ermahnt und ist streng. Sie ist gleichgültig gegenüber unseren Gefühlen und Wünschen. Hoffnung aber begeistert und ermuntert. Sie weckt die Vorfreude.

Die Visionen der Hoffnung sind keine Forderung, sondern eine Förderung. Sie verwandeln die Grammatik unseres Handelns: Das »Du sollst« löst sich auf im »Wir wollen«. »Seid immer bereit, euch vor allen zu verantworten, die Rechenschaft fordern über die Hoffnung, die ihr habt.«

Wie wir als Christen handeln, hängt nicht an Vorschriften, die wir befolgen, sondern an der Hoffnung, die uns begeistert. Der Imperativ, der aus dem Konjunktiv folgt und gegen den Indikativ des Realismus steht, heißt: »Seid anders, denn ihr habt Hoffnung!«

Einspruch

Hoffnung ist ein gefährlicher Lehrmeister fürs Handeln. Hoffnung ist trügerisch.

Sie weckt Illusionen, die unfähig machen, sich in der Realität zu behaupten.

Einfühlung, Liebe, Barmherzigkeit, die Bereitschaft, Böses nicht mit Bösem zu vergelten ... mit diesen Idealen kann man in *dieser* Welt, wie sie nun einmal ist, nur scheitern.

Wo es Unterdrücker und Unterdrückte gibt, heißt Sanftmut predigen, die Unterdrückung zu verlängern.

Unser Predigttext ruft Gegentexte hervor:

Bert Brecht: »Über den berühmten Satz ›du sollst deinen Nächsten lieben wie dich selbst‹ sagte Me-ti einmal: Wenn die Arbeiter das tun, werden sie niemals einen Zustand abschaffen, in dem man seinen Nächsten nur lieben kann, wenn man sich selbst nicht liebt.«

»Es ist besser, wegen gottgefälliger Taten zu leiden als wegen böser Taten.«

»Und wenn ihr auch leidet um der Gerechtigkeit willen, so seid ihr doch selig.«

Wieder drängt sich der Einspruch auf.

Noch einmal Bert Brecht:

»Me-ti sagte: Wichtiger, als zu betonen, wie unrichtig es ist, Unrecht zu tun, ist es, zu betonen, wie unrichtig es ist, Unrecht zu dulden. Unrecht zu tun haben nur wenige Gelegenheit, Unrecht zu dulden viele. Das Mitleid mit anderen, das nicht das Mitleid mit sich selbst ist, muß man für weniger zuverlässig halten als das Mitleid mit sich selbst, das zugleich das Mitleid mit anderen ist.«

»Vergeltet nicht Böses mit Bösem oder Scheltwort mit Scheltwort, sondern segnet vielmehr. Sucht Frieden. Seid sanftmütig.«

Eine Stimme aus Südafrika dagegen.

Aus dem Kairos-Dokument:

»In unserer heutigen Lage in Südafrika wäre es ganz und gar unchristlich, um Versöhnung und Frieden zu bitten, ehe nicht die bestehenden Ungerechtigkeiten beseitigt sind. Jede derartige Bitte spielt in die Hand der Unterdrücker, weil sie versucht, uns als Unterdrückte dazu zu bewegen, die Unterdrückung zu bejahen und uns mit den unerträglichen Verbrechen, die gegen uns begangen werden, auszusöhnen.«

Die Gegenstimmen erheben Einspruch gegen trügerische Illusionen. Sie betonen den Indikativ des Realismus. Sie entlarven den Konjunktiv, der Unrecht verschleiert.

Richtet euer Handeln danach aus, wie die Lage heute ist und wie die Machtverhältnisse faktisch aussehen.

Seid Realisten, keine Träumer und Idealisten.

Widerspruch

Hat der Einspruch des Realismus recht?

Ja – und letztlich doch nein!

Ja: Die Hoffnung auf Einigkeit, auf ein anderes Leben in Sanftmut und Friedfertigkeit darf nicht zur Illusion verkommen, die hinwegtäuscht über alles, was diesem anderen Leben entgegensteht.

Und erst recht darf diese umfassend gemeinte Hoffnung nicht dazu mißbraucht werden, *anderen* – und besonders denen, die unter Unrecht leiden – Duldsamkeit zu predigen.

Aber nein, wenn der Realismus zur einzigen Orientierung des Handelns werden soll.

Nein, wenn unser Handeln immer nur der alten Logik folgen soll. Wie können wir aus der immergleichen Wiederholung dessen, was ist, ausbrechen, wenn die Hoffnung auf Veränderung ohne Wirkung bleibt aufs Handeln?

Die Hoffnung auf Veränderung wirkt, indem sie bereits verändert.

Aus Hoffnung zu handeln heißt, anders zu handeln.

Gegen das aufrechnende Kalkül der Taktik schreit die Hoffnung, die das andere Leben will, nach Unterbrechung:

»Vergeltet nicht Böses mit Bösem!«

»Entweder die Menschheit verzichtet auf das Gleich um Gleich der Gewalt, oder die vermeintlich politische Praxis erneuert das alte Entsetzen.« (T. W. Adorno)

»Seid allesamt gleichgesinnt, mitleidig, brüderlich, barmherzig, demütig. Vergeltet nicht Böses mit Bösem …«

Das ist keine Moral der Besänftigung und zum Stillhalten. Die, denen diese Wort gelten, lebten unter Anfeindungen. Auf Schimpf und Spott mit gleicher Münze zu reagieren hieße, die Hoffnung zu verraten.

Unterbrecht diesen unseligen Mechanismus.

Laßt in eurem Handeln etwas sichtbar werden von der Hoffnung, aus der ihr lebt.

Handelt im Vorschein eurer Hoffnung.

Dementiert durch euer Handeln nicht eure Hoffnung.

Laßt uns durch unser Handeln Rechenschaft geben von der Hoffnung, die wir haben.

Überbieten wir den Realismus mit unserer Hoffnung. Denn die Hoffnung sieht mehr als der Realismus:

Noch einmal Bert Brecht, der Widersprechende:

»Traue nicht deinen Augen
Traue deinen Ohren nicht
Du siehst Dunkel
vielleicht ist es Licht.«

Die doppelte Ent-täuschung

Marburger Universitätsandacht – Lukas 24,13-35

Die Emmaus-Geschichte ist eine Geschichte der Enttäuschung. Sie beginnt mit einer Enttäuschung, und sie läuft in ihrem Höhepunkt auf eine Enttäuschung hinaus. Dazwischen liegen Täuschungen. Damit ist die Enttäuschung nach der Täuschung eine andere als die Enttäuschung am Ausgang der Geschichte. Die Enttäuschten sind enttäuscht, weil sie sich täuschen; darum müssen sie ent-täuscht werden. Aber der Reihe nach:

I. Die Enttäuschten

Wir sind mutlos. Unsere Hoffnungen haben sich zerschlagen. Wir wissen nicht weiter. Wir wollen fliehen – nur weg.

Nur weg von all den anderen, die auch nur Probleme haben. Erst einmal weg von hier – erst einmal raus hier. Weg aus Jerusalem, dem Ort der Niederlage, weg von Golgatha, dem Ende der Hoffnungen, und weg von den anderen, die jetzt auch nicht weiterwissen.

Nach Emmaus. Warum? Offensichtlich gibt es kein Ziel, keinen Grund für Emmaus, keinen außer dem: nur weg von Jerusalem und den anderen.

II. Der Weg

Weg-gehen schafft erst einmal Abstand. Wir können uns eher erinnern, in Ruhe.

Wir erzählen uns noch einmal die ganze Geschichte, wie es gekommen ist – zu diesem bitteren Ende.

Vielleicht bringt die Distanz etwas mehr Klarheit. Vielleicht wird das Unbegreifliche, die große Enttäuschung, doch etwas verständlicher, annehmbarer.

Aber wie wir die Geschichte auch erzählen, sie macht keinen Sinn, sie bleibt traurig, immer läuft sie hinaus auf das große »umsonst«.

III. Der Fremde

Fliehend sind wir unter uns. In den Geschichten, die wir uns erzählen, begegnen wir immer nur uns selbst.

So wichtig es ist, daß wir uns miteinander besprechen, Geschichten erzählen – es gibt Sackgassen in unseren Gesprächen, die nicht weiterführen.

Immer und immer wieder erzählt, und doch stellt sich nichts Neues ein.

Da unterbricht einer das Gespräch. Ein Fremder tritt dazu.

Er begleitet uns, geht mit uns. Er wird einer von uns und bleibt doch fremd.

Er kennt unsere Geschichte scheinbar nicht. Was in aller Munde ist, er kennt es scheinbar nicht.

Eine Distanz bricht auf zwischen uns und dem Fremden. Was uns bewegt, bewegt ihn scheinbar nicht.

Das macht uns traurig.

Aber vielleicht wird der Fremde einer von uns, wenn wir ihm unsere Geschichte erzählen, wenn wir ihn hineinnehmen in unsere gemeinsame Geschichte.

Darum erzählen wir ihm unsere Geschichte. Unsere Geschichte, die letztlich so einfach ist, unsere Geschichte, die eigentlich nur zwei Teile hat: die große Hoffnung am Anfang und die große Enttäuschung am Ende. Wir erzählen ihm also vom Ende unserer Hoffnung. Wir reden von unserer Hoffnung, aber in der Vergangenheit, von der vergangenen Hoffnung. Seufzend sagen wir: »Wir aber hofften, er sei es, der Israel erlösen werde.«

Wir mögen und können nicht mehr sagen: »Wir hoffen, er werde Israel erlösen.«

IV. Die Täuschung

Wenn wir aber geglaubt haben, der Fremde würde in unsere Trauer einstimmen und in unsere Klagen, so haben wir uns getäuscht.

Der Fremde widerspricht. Nicht, daß er unserer Geschichte nicht glaubt und bezweifelt, *was* wir erzählen. Nein, er widerspricht dem, *wie* wir sie erzählen.

Er behauptet nicht, dies oder das sei anders gewesen in unserer Geschichte. Er wundert sich vielmehr über unsere »trägen Herzen«.

Träge Herzen – Gefühle also, die nicht weit reichen, Hoffnungen zum Beispiel, die schnell ermüden.

Er bestreitet also nicht unsere Geschichte, wohl aber, wie wir sie erzählen, wie wir sie deuten.

Und der Fremde erzählt nun nicht eine andere Geschichte, mit anderen Fakten, sondern er gibt derselben Geschichte nur eine andere Deutung.

Der Fremde erzählt nichts Neues, vielmehr bringt er die Erfahrungen unserer Geschichte mit jenen anderen Geschichten der Bibel zusammen, die wir auch kennen.

Und doch, oder gerade dadurch, legt er uns unsere Geschichte neu aus. Der Fremde bringt das, was wir erlebt haben, mit der Schrift, mit Mose und den Propheten, zusammen, und in diesem Zusammenspiel werden unsere Erfahrungen neu und anders gedeutet.

Was aber ist das Neue an seiner Auslegung? Neu und überraschend ist, wie er mit der Erfahrung von Niederlage, Leiden und Tod umgeht.

Wir hatten sie zum Anlaß unserer Trauer werden lassen, uns waren sie als Ende der Hoffnung erschienen, als grenzenlose Enttäuschung.

Der *Fremde*, der uns zum Beispiel das Gottesknechtslied bei Jesaja auslegt, widerspricht dem und sagt Befremdliches: Die Hoffnung liegt nicht bei den Siegern, sondern bei den Opfern.

Verachtet nicht das Leiden – und die Leidenden damit.

Die Herrlichkeit Christi ist eine andere Herrlichkeit: nicht die Herrlichkeit der Herren. Seine Herrlichkeit war Erniedrigung und Leiden.

Die alte Herrlichkeit ist herrisch. Sie kennt nur Sieger. Sie opfert und vergißt die Schwachen. Christi Herrlichkeit ist seine Schwachheit. Hierin liegt Erlösung, weil sie vom Mitleid mit den Leidenden lebt und nicht von der Bewunderung für die Sieger.

Fremd klingt, was der Fremde sagt. Unsere Erlösung sollte der Endsieg sein.

Wo wir die Erfahrung von Leid und Niederlage nicht aushalten, von Jerusalem fliehen, dem Ort der Enttäuschung, irritiert uns der Fremde und fragt: »Mußte nicht Christus dies erleiden und in seine Herrlichkeit eingehen?«

Der Fremde deckt also auf, daß wir uns getäuscht haben – mit unserer Meinung. Aber gehen uns schon die Augen auf? Bleiben uns der Fremde und was er sagt nicht noch fremd? Erniedrigung als Weg der Herrlichkeit? Die Erinnerung ans Leiden als Erlösung zum Leben?

Wir ahnen dunkel, unbewußt, wir fühlen eine tiefe Sehnsucht in uns angesprochen – aber klar wird es uns nicht.

V. Die helle Nacht

Es wird Abend. Dunkel bricht herein. Der Fremde will scheinbar weiterziehen. Wir bieten ihm an, bei uns zu bleiben und unser Gast zu sein, in der Nacht. Doch eigentümlich, wie unser Angebot an ihn klingt: »Bleibe bei uns; denn es will Abend werden, und der Tag hat sich geneigt.« So, als ob wir ihn bitten.

Nicht, als ob wir ihm unsere Gastfreundschaft anbieten, sondern, als ob wir ihn um seine Nähe bitten.

Wer ist hier eigentlich Gast und wer der Gastgeber? Wir oder er? Im Zwielicht des dämmernden Abends verschwimmen die Umrisse und Grenzen. Ist nicht alles zweideutig geworden, seit sich dieser Fremde zu uns gesellt hat? Was uns vorher eindeutig und klar erschien, wenn auch auf unerträgliche Weise, wurde irgendwie doppeldeutig durch ihn.

Wer ist dieser Fremde? Wir beginnen die Nacht mit dem Abendmahl. Und da, da geschah's: Wie damals, bei der Speisung der Fünftausend und am Abend vor der Hinrichtung, nahm er das Brot, dankte, brach's und gab's uns ... In diesem Augenblick erkannten wir ihn – und zugleich verschwand er auch.

Merkwürdig, am Tage blieb der Fremde uns dunkel, in der Nacht wird es hell um ihn.

Merkwürdig, als er bei uns war, erkannten wir ihn nicht, und als wir ihn erkannten, ist er nicht mehr bei uns.

Merkwürdig, während er anwesend ist, bleibt er für uns abwesend, und als Abwesender wird er zum Anwesenden.

Die Frauen hatten also recht, die sagten, er lebe. Aber warum dieses Versteckspiel? Warum gibt der Auferstandene sich nicht direkt zu erkennen? Warum offenbart er sich, indem er sich verbirgt? Warum gibt er sich zu erkennen, indem er entschwindet?

Aber entspricht das Rätsel seiner Erscheinung nicht dem Rätsel seiner Rede?

Paßt das Doppeldeutige nicht zur Widersprüchlichkeit und Doppeldeutigkeit seiner befremdenden Rede? Hat er nicht auch hier Gegensätzliches zusammengebracht und unsere Gedanken auf den Kopf gestellt: Hat er nicht auch hier Kreuz und Erlösung, Leid und Herrlichkeit zusammengebracht – unseren alltäglichen Erwartungen und Erfahrungen nur ein Rätsel?

Sollte hierin das Geheimnis der Auferstehung liegen?

Kleophas, ich frage dich, was wäre anders gewesen, wenn uns nicht die Augen zugehalten worden wären, als der Fremde zu uns kam, und wir ihn gleich erkannt hätten?

Ja, wir hätten gewußt, eindeutig, daß Jesus lebt, daß Jesus auferstanden ist. Wir hätten nicht länger traurig sein müssen. Wir hätten frohlocken können, daß es mit der Kreuzigung, mit Jesu Leiden und Tod gar nicht so ernst war, denn er war ja wieder da.

Ja, Kleophas, eben diesem Trug wären wir aufgesessen.

Wir hätten nichts vom Kreuz begriffen.

Wir hätten dem Anschein getraut: Jesus, wie er leibt und lebt, vor unseren Augen, so als wäre nichts geschehen. Und wir hätten weitergemacht.

Wir hätten weiter unseren Traum einer glanzvollen Erlösung geträumt. Wir hätten weiter an Sieg geglaubt. In der verdeckten Offenbarung des Auferstanden aber haben wir die Auferstehung anders erlebt. Wir sahen nicht einen wiederbelebten Körper, sondern wir hörten eine befremdliche Rede, die unsere bisherigen Erfahrungen und Erwartungen irritierte und enttäuschte.

So haben wir den Auferstandenen erlebt.

Wir sahen nicht die Wiederherstellung des Alten, sondern wir hörten, wie einer unsere alte Sicht veränderte und neu deutete.

Wir lernten, eine neue Erfahrung mit unserer Erfahrung von Kreuz und Leiden zu machen.

Unsere Erfahrung der Trauer wurde umgewendet in Erfahrung der Hoffnung.

Ja, aber seltsam, daß wir dies, während der Fremde zu uns redete, nicht erkannt haben, allenfalls erahnt, denn unser Herz brannte ja, als er mit uns redete. Aber erst als er das Brot nahm, gingen uns die Augen auf.

Ja, Kleophas, aber da, als uns die Augen geöffnet wurden, verschwand er auch wieder. Der Auferstandene entzog sich unseren Blicken. Was uns bleibt sind diese seine Worte, mit denen er unsere Erfahrungen neu und anders ausgelegt hat.

Aber warum erkannten wir dies nicht sofort, sondern erst, als er mit uns zu Tische saß und das Brot brach, wie in der letzten Nacht mit seinen Jüngern?

Weiß du, Kleophas, wie wir beide da mit dem Fremden zusammensaßen und dieser das Brot brach, mußte ich an die anderen denken, die wir in Jerusalem zurückgelassen haben und die an jenem Abend mit Jesus das letzte Abendmahl gefeiert haben. Ich mußte daran denken, wie wir beide da einsam und verlassen die Straße von Jerusalem weggegangen sind. Und in diesem Augenblick brach die Erinnerung an Gemeinschaft wieder auf.

Ja, das ist es: Erst als wir an die Gemeinschaft erinnert wurden, wurden uns die Augen geöffnet für den Auferstandenen.

Ja, komm Kleophas, wir kehren um, wir kehren zurück zu den anderen.

Wir waren traurig, enttäuscht und sind geflohen, wir haben uns zurückgezogen und abseits gestellt.

Komm, laß uns wieder Gemeinschaft haben.

Wir kehrten um und zogen zurück nach Jerusalem, wo das Kreuz war und die Traurigen. Und als wir dort ankamen, in ihrer Gemeinschaft, da jubelten diese: »Der Herr ist wahrhaftig auferstanden.«

Epilog

1. Die Emmaus-Geschichte ist eine Geschichte der Ent-täuschung. Darin ist sie eine Geschichte der Offenbarung. Sie erzählt von der verdeckten Offenbarung, vom Ineinander des Erkennens und Nicht-Erkennens.

Offenbarung ist Ent-täuschung, nicht erwartete Widerlegung unserer Täuschungen. Darum ereignet sie sich in der Nicht-Eindeutigkeit, in der Doppeldeutigkeit unseres Lebens. Unsere alltäglichen Erwartungen und Erfahrungen werden doppelsinnig. Das Vertraute wird fremd, das Fremde wird vertraut.

Und wo unsere gewohnten Erfahrungen und Erwartungen

doppelbödig werden, beginnt die Ahnung von dem anderen, unser Herz beginnt in uns zu brennen.

2. Die Emmaus-Geschichte ist eine Auferstehungsgeschichte. Lukas erzählt drei Auferstehungsgeschichten. Sie sind dramaturgisch aufeinander aufgebaut. Sie enthalten eine Steigerung. Eine Steigerung im Maße dessen, was sichtbar wird. Am Ende steht die massivste Auferstehungsgeschichte.

Lukas beginnt mit der Geschichte vom leeren Grab. Von der Auferstehung und vom Auferstandenen wird hier nichts berichtet. Nur ex negativo, vom leeren Grab, soll indirekt von Auferstehung erzählt werden. Diese Auferstehungsgeschichte enthält gleichsam eine negative Christologie. Sie ist am nächsten dem Kreuz und bewahrt die sinnliche Erinnerung an den Tod.

In der folgenden Emmaus-Geschichte wird auf zweideutige Weise vom Auferstandenen erzählt. Der Auferstandene erscheint, ohne erkannt zu werden, und verschwindet, sobald er erkannt wird. Er ist anwesend abwesend zugleich.

In der letzten Geschichte erst wird massiv und direkt vom Auferstandenen selbst berichtet. Lukas erzählt hier von Jesu Erscheinung vor den Jüngern.

Die Emmaus-Geschichte steht in der Mitte. Vielleicht ist sie der Kern. Und vielleicht ist die nächste Geschichte nur noch drangehängt wegen Thomas. Jedenfalls sollte die Emmaus-Geschichte im Mittelpunkt nicht übersprungen werden.

Die Emmaus-Geschichte erzählt, wie Auferstehung begriffen werden kann.

Die Emmaus-Jünger sehen den Auferstandenen, ohne ihn doch zu sehen. Daß der Fremde der Auferstandene ist, sehen sie nicht, sondern das erkennen sie durch die Rede, mit der ihre Erfahrung der Trauer neu ausgelegt wird, und dann vor allem durch das Zeichen der Gemeinschaft, das Brot-Brechen.

Auferstehung ist also in der Emmaus-Geschichte ein Doppeltes:

(1) Tod, Leiden, Erniedrigung werden neu gesehen, neu gedeutet, neu und anders erfahren. Aus Verzweiflung wird die Hoffnung der Hoffnungslosen.

(2) Wo Leiden, Trauer nicht verdrängt werden, erwächst Gemeinschaft mit den Leidenden, Solidarität. Die Vereinzelung wird aufgehoben, Gemeinschaft lebt auf.

3. Die Emmaus-Geschichte ist Kirchengeschichte in nuce. Wir sind die Emmaus-Jünger. Wir sind die Fliehenden. Wir sind die Enttäuschten. Wir sind die Ungläubigen. Der Auferstandene ist bei den Fliehenden, bei den Enttäuschten, bei den Ungläubigen.

Wo aus diesen Enttäuschten, Fliehenden, Ungläubigen wieder Gemeinschaft entsteht, ist Kirche.

Kirche ist die Weggemeinschaft der Fliehenden. Kirche ist die Erzählgemeinschaft der Enttäuschten. Kirche ist die Gesprächsgemeinschaft der Ungläubigen. Kirche ist eine Bewegung, der Weg, auf dem die üblichen Meinungen verfremdet werden, wo eine andere Deutung des Lebens und des Leidens durchbricht und wo aus dieser Änderung neue Gemeinschaft erwächst, eine Gemeinschaft, die sich der Leidenden und Opfer annimmt.

Kirche entsteht da, wo wir umkehren, zurückkehren nach Jerusalem, zum Ort des Kreuzes, zu den Leidenden.

Amen.

Ist alles gleichgültig? oder: Einen Text verstehen heißt um ihn ringen

Marburger Universitätsandacht – Maleachi 3,19-21

Lesung: Römer 11,25-36

Liebe Gemeinde, manchmal muß man mit einem Text kämpfen. Gegen Widerstände muß man ihm einen Sinn erst abringen. Da bleibt der eine dem anderen nichts schuldig: beide leisten einander Widerstand, da will einer den anderen niederringen – auf einen Text sich einzulassen heißt dann immer, in einen Kampf zu geraten.

Mit Texten zu kämpfen – das scheint uns ungewöhnlich. Wir kennen andere Umgangsweisen.

Häufig plaudern wir mit ihm. Höflich, im Konversationston: »Schön, wie Sie das sagen!« – »Ja, ja, wie recht Sie haben. Sie haben mir aus der Seele gesprochen.«

So plätschert's hin: small talk mit dem Text.

Manchmal gibt er sich schwierig, bleibt verschlossen, ehrfurchtsheischend schreitet er daher. Dann macht man Kratzfüße, hängt beflissen an seiner Lippe, buckelt ein wenig, liest jedes Wort ihm von den Lippen ab und spricht jede Silbe nach, auch wenn man nichts verstanden hat. Selbst Unsinn wird noch geadelt.

Aber auch das andere gibt's: kaum hat er den Mund aufgemacht, fällt man ihm schnippisch oder mit frechem Stolz ins Wort. »Ja, wenn du schon so anfängst ...« – »Aha, daher weht der Wind, mein Freund – nein, so geht's nicht, mit mir nicht.« Brüsk wendet man sich ab und läßt den anderen beschämt zurück.

Der Predigttext für unsere Andacht steht bei Maleachi 3,19-21:

> »Denn siehe, es kommt ein Tag, der brennen soll wie ein Ofen. Da werden alle Verächter und Gottlosen Stroh sein, und der kommende Tag wird sie anzünden, spricht der Herr Zebaoth, und er wird ihnen weder Wurzel noch Zweig lassen.

Euch aber, die ihr meinen Namen fürchtet, soll aufgehen die Sonne der Gerechtigkeit und Heil unter ihren Flügeln. Und ihr sollt herausgehen und springen wie die Mastkälber.
Ihr werdet die Gottlosen zertreten; denn sie sollen Staub unter euren Füßen werden an dem Tage, den ich machen will, spricht der Herr Zebaoth.«

Ich gestehe, zum Plaudern war mir bei diesem Text nicht zumute. Obwohl er mich verlocken wollte mit seinem »Euch aber … soll aufgehen die Sonne …« Raffiniert, wie er mir schmeicheln wollte: »Euch aber …« Wer einem so nett kommt, der hat den anderen schnell auf seiner Seite. Da wird man sich schnell einig.

Aber das »Euch aber …« verfing nicht so recht, vielleicht auch weil ich mich nicht angesprochen fühlte, fühlen konnte. Nein, ich gestehe, ich war verärgert, ja empört über diese Rede. Die »Gottlosen« verbrennen, »zertreten«, die, die anders sind, zu Staub werden lassen unter »euren Füßen« – ein paar Worte nur, aber es war klar: Starker Tobak! Diese Sorte von Redensarten kennen wir doch: andere klein machen, um sich groß zu machen.

Ja, das müßte einmal klar werden. Diesen Text mußte man einmal vorführen, ihn einmal so richtig entlarven, um ihn in aller Öffentlichkeit zu blamieren. Nein, so kann man heute nun wirklich nicht mehr reden: »Gottlose wie Stroh anzünden« –

Ein leichtes Spiel würde ich haben – Zustimmung und Applaus. Aber ich hatte nicht damit gerechnet, daß er sich wehrt, der Text, und schon war ich in den Kampf verwickelt. Je mehr ich mich sträubte, desto mehr griff er nach mir.

Kampf *mit* einem Text ist nicht Arbeit *am* Text. Beim Kampf verliert man schon einmal ein paar Federn – auch der Text kann Federn lassen. Aber vielleicht muß man manchmal mit einem Text kämpfen – so wie einst Jakob mit dem Engel: »Ich lasse dich nicht, du segnest mich denn.« (Gen. 32,27)

Auch der Segen eines Textes will vielleicht im Kampf der Auseinandersetzung errungen werden. Nicht immer gibt er seinen Sinn so schnell frei. Um einen Text ernst zu nehmen, darf man ihn vielleicht nicht gleich wörtlich nehmen.

1. Runde

Die erste Runde des Kampfes hatte ich begonnen. Der Text bot Schwächen, die offensichtlich waren und gegen die es leicht anzugehen schien. Er setzte Tiefschläge, die saßen.

Zuerst gegen den krassen Dualismus: hüben die Frommen, drüben die Gottlosen und Verächter. Das sind doch primitive, atavistische Denkmuster, hielt ich entgegen. »Die guten ins Töpfchen, die schlechten ins Kröpfchen« – die alte Melodie der Aus- und Abgrenzung; jenes altbewährte Muster, nach dem schlichte oder ängstliche Gemüter sich in einer unbehaglich verwirrenden Welt ein einfaches, übervereinfachendes Weltbild schustern. Ironisch verwies ich auf die Cowboy-Mentalität simpler Wildwestfilme und wollte damit auch die Fundamentalisten treffen, die evangelikalen ebenso wie die im politischen Lager.

Kaum hatte ich den Fundamentalismusvorwurf plaziert, die simple Schwarz-Weiß-Malerei attackiert, fühlte ich mich ermutigt, noch eins drauf zu setzen: Die bösen Gottlosen zu zertreten, zu vernichten, zu verbrennen – das ist doch Rambomanier. Üble Rachephantasien werden damit angesprochen. Diese Bilder der Gewalt appellieren doch an niedere Instinkte und Affekte. Ironisch frage ich, ob es sehr fromm und gottgefällig sei, für andere ein solches blutiges Vernichtungsspektakel zu erdenken.

Mit einem eleganten Haken erinnerte ich mit Nietzsche an das Ressentiment der Zukurzgekommenen, die sich in solchen Bildern der Vernichtung der Unfrommen offensichtlich Kompensation und Erleichterung verschaffen müssen. Ich dachte, damit sei der Text erledigt.

2. Runde

Aber der Text parierte. Zuerst gab er einfach nur zurück, was ich ihm entgegengehalten hatte: Bist du denn frei von Aus- und Abgrenzung? Du unterscheidest zwar nicht die Frommen von den Gottlosen; aber machst du nicht andere, jedoch ähnliche Einteilungen – solche, die im richtigen Lager stehen, und solche, die im falschen stehen – je nachdem, was du für richtig und falsch hältst? Was ist mit deinen Strickmustern: rechts-links, fortschrittlich-reaktionär, spießig-emanzipiert usw.?

Geschickt hielt er einem also den Spiegel vor – eine einfache Methode, die aber selten ihre Wirkung verfehlt – ebensowenig wie die Mahnung mit dem Splitter und dem Balken. Aber das war eher nur ein leises Vorspiel.

Meine Argumente waren zwar entschärft, aber nicht entkräftet. Der Text mußte daher zu weiteren Erwiderungen ansetzen, die den Kern meiner Tiefschläge berührten. Die dritte Runde begann.

3. Runde

Erst einmal, lieber Freund: Du regst dich auf, daß ich mit »Euch aber« die Angeredeten auf die Seite der Guten rechne, von denen sich dann die anderen als die Bösen, Gottlosen abheben. Du mußt schon genau hinhören: »Euch aber, die ihr meinen Namen fürchtet« habe ich präzisierend gesagt. Diese Präzisierung ist eine Bedingung: »Euch aber, insofern ihr …« Wer sagt denn, daß jeder, der diese meine Worte hört, zu den Frommen gehört und nicht vielmehr zu den Gottlosen?

Aber zu wem du dich zählst, wenn du diese Rede des Boten, des Maleachi, hörst, ob zu den Gottlosen oder zu den Gottesfürchtigen, das mußt du mit dir selber ausmachen.

Aber ich bin immer noch nicht beim Zentrum deiner wütenden Empörung. Dein Eifer entzündet sich daran, daß die Gottlosen vernichtet werden sollen. Du attackierst schon diese Unterscheidung selbst – die zwischen Gottlosen und Gottesfürchtigen.

Aber was soll das heißen? Sollen Gottlose nicht mehr als solche genannt werden? Soll alles gleichgültig sein, ob man Gottes Gebote achtet oder ob man sich frech über sie hinwegsetzt? Paktierst du also insgeheim mit den Zynikern, die genau das behaupten, die auf den Lauf der Welt verweisen und ihn zum schlagenden Beweis anführen für ihr Fazit: »Gutsein lohnt sich nicht: die Anständigen sind die Dummen.«

»Es ist umsonst, daß man Gott dient; und was nützt es, daß wir sein Gebot halten?« – So lachten schon immer die, die sich ihren Platz an der Sonne erobert hatten, nicht nur zu Maleachis Zeiten. Willst du in ihr Lachen einstimmen, indem du die Unterschiede verwischst und alles für gleichgültig erklärst? Und noch eins: Mich wundert bei deiner Aufregung über die deutliche

Sprache der Rede des Maleachi deine heimliche Parteilichkeit. Denn seltsam parteiisch bist du schon, obwohl du vorgibst, gerade keine Unterschiede machen zu wollen.

Offenbar schlägt dein Herz nur für die Gottlosen, ihr Schicksal – die ihnen angedrohte Vernichtung – sie rührt dich, sie weckt deine Empörung. Aber dem Schicksal der Gottesfürchtigen, dem Schicksal derer, die unter dem Spott der sieg- und erfolgreichen Gotteslästerer leiden, stehst du mit kalter Ignoranz gegenüber. Daß ihnen, die zu ihrem Schaden mangelnden Lebensglücks auch noch den Spott der Zyniker haben, die also unter der fortdauernden Ungerechtigkeit unserer Welt leiden, eine Wende in Aussicht gestellt wird, daß ihnen versprochen wird, daß ihnen endlich die Sonne der Gerechtigkeit aufgehen soll und Heil unter ihren Flügeln – dies läßt dich seltsam unberührt.

Kann dich das nicht begeistern, daß die Ungerechtigkeit einmal ihr Ende findet, daß die Verachteten und Verspotteten einmal Grund zur Freude und zum Jubel haben? Kannst du dich nicht freuen, wenn die, die im Schatten sind, eines Tages einen Platz an der Sonne einnehmen? Sollen die Verspotteten und Verachteten denn endlos weiter verspottet und verachtet werden – über ihren Tod hinaus?

Das traf. Mit einem Mal sah ich mich auf jener Seite, auf der ich nun gerade nicht sein wollte, in Gesellschaft der Sieger, der Mächtigen, der Arrivierten. Das saß, ich mußte nachgeben. Das war eine verwirrende Umdrehung. Aber als ich mich wieder gefangen hatte und bei Besinnung war, spürte ich doch Kraft zum Gegenzug. Ich war zwar reichlich durcheinander, doch etwas blieb am Text, was trotzdem Widerstand hervorrief. So ging's in die nächste Runde.

4. Runde

Ja, gut, ich geb dir recht: Für die, die Unrecht leiden, die ungerecht behandelt und verachtet werden, muß es diesen Tag geben, den Tag des Herrn, an dem ihnen die Sonne der Gerechtigkeit aufgeht. Es muß ein Gericht geben, wo diese schiefen Verhältnisse zurechtgerückt werden.

Aber – so frage ich dich, geht das nur um den Preis neuer Gewalt, neuer Verachtung, neuen Spotts, neuer Grausamkeit – nur andersrum? Gibt es kein Gericht, das gerecht und barmherzig zugleich ist?

Ja, ich ahne schon, was du antworten willst: »Billige Gnade« – die letzten Endes doch nur dazu führt, daß alles beim alten bleibt. Wenn Heil auch den Ungerechten in Aussicht gestellt wird, wird die bestehende Ungerechtigkeit ja nur verlängert. Gerecht zu sein heißt also auch, unbarmherzig zu sein (gegenüber den Ungerechten), und barmherzig zu sein heißt, ungerecht zu sein (gegenüber den Unrecht Leidenden).

Ja – ein Gericht, das barmherzig und gerecht zugleich ist, das gleicht der Quadratur des Kreises, jedenfalls wenn Logik herrschen soll. Ich merke, mein Gegenschlag traf nicht so, wie er sollte, obwohl das Gegenüber durchaus getroffen war. Vorerst gab's ein Patt.

Nachspiel

Während wir erschöpft und angeschlagen im Ring lagen, trat von der Bühne jemand zu uns, der unserem Kampf gefolgt war. Er schien sich etwas auszukennen.

Ihr wißt ja, fing er an, wenn ihr sprecht, tut ihr zweierlei: Ihr sagt etwas, und ihr sagt es zu jemandem. Das ist trivial, aber eine vielleicht wichtige Unterscheidung.

Auch Maleachis Rede sagt etwas zu jemandem. Zum ersten: Er sagt etwas – was? Er sagt: Am Tag des Herrn wird das Leid derer, die unter der Ungerechtigkeit leiden, ein Ende haben. Ihnen wird die Sonne aufgehen.

Aber Maleachi sagt nicht nur etwas, sondern er sagt auch etwas zu anderen, stellt eine Beziehung her zu anderen: Hier sagt er, wer gottlos ist, wird ein schreckliches Ende haben. Er will vielleicht damit warnen, drohen oder auch Mut machen – vielleicht hofft er, daß er etwas bewirkt bei den anderen, die ihn hören – nicht nur, daß die einen getröstet werden sollen, sondern auch, daß die anderen sich ändern.

Als der fremde Besucher merkte, wie ratlos wir guckten, einigermaßen irritiert über diese seltsam trockene akademische Belehrung, strich dieser über seinen Bart und lächelte: Schon gut, mit Sprachpragmatik kommen wir vielleicht auch nicht viel weiter als mit der Logik. Vielleicht mit einer Geschichte – und er zog ein Buch aus seiner Tasche und las die folgende Erzählung:

Die Strafrede

Als Rabbi Nachum von Tschernobil in seiner Jugend einmal beim Baalschem war – es war der Sabbat, an dem man die große Fluchrede aus der Schrift liest und den man daher, um das schlimme Wort zu umschreiben, den Sabbat der Segnungen nennt –, wurde er im Bethaus zur Thora gerufen, und zwar sollte er eben der Vorlesung der Fluchrede assistieren. Es verdroß ihn, daß ihm gerade dieser Abschnitt zugefallen war. Der Baalschem selber las vor. Es war aber Rabbi Nachum ein kränklicher Mann, mit allerlei leiblichen Schmerzen geplagt. Als nun der Baalschem zu lesen begann,empfand Rabbi Nachum, daß mit jedem Teil der Fluchrede von einem seiner Glieder die Schmerzen wichen, und am Ende der Vorlesung fühlte er sich heil und aller Beschwerden ledig.
(Martin Buber: Die Erzählungen der Chassidim)

Manchmal muß man mit einem Text kämpfen: »Ich lasse dich nicht; du segnest mich denn.«
Amen.

Denn unser Wissen ist Stückwerk

Morgenandacht auf der Tutzinger Tagung
»Mit Humboldt ins Jahr 2000?« – 1. Korinther 13,9

»Das ist Stückwerk. Das ist unvollkommen. Das ist unvollständig. Da sind aber noch Fehler und Mängel. Es bedarf der Ergänzung und der Verbesserung.« So oder ähnlich klingen Urteile, die wir nicht gern hören. Lieber ist uns das Lob der Ganzheit und der Vollkommenheit. Makellos und glatt, rund und abgeschlossen soll unser Werk sein – und wir. Was »Stückwerk« bleibt, hat kaum eine Chance. Es landet eher auf dem Müll als auf dem Podest.

Darin trifft sich altes und neues Denken; ja, das New-Age-gefärbte Reden von Ganzheitlichkeit verschärft dieses Verdikt über das Stückwerk. Die Einsicht des Paulus aus dem 13. Kapitel des 1. Korintherbriefs, die unserer Andacht heute morgen vorgegeben ist, die Einsicht, daß »unser Wissen Stückwerk ist«, findet allenfalls als unverbindliche Entschuldigungsfloskel Eingang in Sonntagsreden. Ganz allgemein, abgehoben von peinlicher Konkretion, lassen wir es uns dann schon einmal sagen – so wie den schmunzelnden Hinweis: »Irren ist menschlich.« Doch im Alltag unseres Lebens, in Schule, Bildung und Beruf herrschen andere Leitbilder, die vom »Stückwerkcharakter« nichts wissen wollen.

Wir wären wohl kaum einverstanden, wenn auf den Eingangsportalen unserer Schulen und Universitäten statt etwa »Dem Guten, Wahren, Schönen« dies stünde: »Unser Wissen ist Stückwerk«; wenn die Zeugnisse, die wir verteilen und bekommen, nicht Reifezeugnisse wären, sondern Bescheinigungen darüber, daß alles nur Stückwerk sei; wenn die Nachrufe, die wir den Großen schreiben, das Unvollkommene, das Mißlungene und das Bruchstückhafte betonten.

Die Curricula unseres Lebens sind auf Erfolg und Stärke programmiert, nicht auf Schwäche und Scheitern. Den Hinweis darauf, daß alles Stückwerk sei, empfinden wir als entmutigend und niederdrückend.

Daß Paulus diese Einsicht nicht nur aufnimmt, sondern ins Zentrum seiner Botschaft des Evangeliums stellt, könnte mancher mit Nietzsche als Beleg dafür nehmen, daß das Christentum eine Sklavenmoral predige, die niederhält, zur Demut statt zum Stolz anleitet. Aber ist der Hinweis darauf, daß unser Wissen Stückwerk sei, wirklich niederdrückend, deprimierend, entmutigend? Könnte in ihm nicht gerade im Gegenteil eine Wahrheit liegen, die freimacht?

Fragen wir also, was – mit Kierkegaard formuliert – das »Frohmachende« darin sei, daß unser Wissen Stückwerk sei.

Eine Antwort finden wir kaum, wenn wir in der Mitte unseres scheinbar reibungslos verlaufenden Betriebs des Lebens und der Bildung bleiben. Eher finden wir sie bei denen, die an den Rand geraten sind, die Erfahrungen der Begrenzung, des Scheiterns, des Verlustes und des Endes gemacht haben. Ich will daher zwei biographische Beispiele geben von Menschen, die auf je unterschiedliche Weise in solche Grenzsituationen geraten sind, in denen sie über den »Stückwerkscharakter« menschlichen Lebens neu und anders urteilen lernten.

Zum ersten Beispiel: Der Theologe und Widerstandskämpfer Dietrich Bonhoeffer schreibt 1943 aus dem Gefängnis Tegel in einem seiner Briefe an seine Eltern folgende Passage:

> »Es ist immer wieder ein kleiner innerer Kampf, sich ganz nüchtern an das Tatsächliche zu halten, sich Illusionen und Phantasien aus dem Kopf zu schlagen und mit dem Gegebenen sich zufriedenzugeben, weil man dort, wo man die äußere Notwendigkeit nicht versteht, an eine innere und unsichtbare Notwendigkeit glaubt. Außerdem – ein Leben, das sich im Beruflichen und Persönlichen voll entfalten kann und so zu einem ausgeglichenen und erfüllten Ganzen wird, wie es in Eurer Generation noch möglich war, gehört wohl nicht mehr zu den Ansprüchen, die unsere Generation stellen darf. Darin liegt wohl der größte Verzicht, der uns Jüngeren, die wir Euer Leben noch vor Augen haben, auferlegt ist und abgenötigt wird. Das Unvollendete, Fragmentarische unseres Lebens empfinden wir darum wohl besonders stark. Aber gerade das Fragment kann ja auch wieder auf eine menschlich nicht mehr zu leistende höhere Vollendung hinweisen. Daran muß ich besonders beim Tode so vieler meiner besten ehemaligen Schüler denken. Wenn auch die Gewalt der äußeren Ereig-

> nisse unser Leben in Bruchstücke schlägt wie die Bomben unsere Häuser, so soll doch möglichst sichtbar bleiben, wie das ganze gedacht und geplant war, und mindestens wird immer noch zu erkennen sein, aus welchem Material hier gebaut wurde oder werden sollte …«
> (Widerstand und Ergebung)

Mag man aus diesen Zeilen vielleicht noch eine leicht resignativ eingefärbte Stimmung heraushören, die angesichts einer in Brüche gehenden Welt Abschied nimmt von großen Plänen und sich abzufinden sucht mit dem Fragmentarischen, so gewinnt in einem drei Tage später geschriebenen Brief an die Eltern die Rede vom Fragment einen durchaus positiven Ton, der sich über das fragmentarische Leben nicht beklagt, sondern daran froh wird. Es heißt dort:

> »Je länger wir aus unserem eigentlich beruflichen und persönlichen Lebensbereich herausgerissen sind, desto mehr empfinden wir, daß unser Leben – im Unterschied zu dem unserer Eltern – fragmentarischen Charakter hat. Die Darstellung der großen Gelehrtengestalten in Harnacks ›Geschichte der Akademie‹ macht mir das besonders deutlich, stimmt einen fast wehmütig. Wo gibt es heute noch ein geistiges ›Lebenswerk‹? Unsere geistige Existenz aber bleibt dabei ein Torso. Es kommt nur darauf an, ob man dem Fragment unseres Lebens noch ansieht, wie das Ganze eigentlich angelegt und gedacht war und aus welchem Material es besteht. Es gibt schließlich Fragmente, die bedeutsam sind auf Jahrhunderte hinaus, weil ihre Vollendung nur eine göttliche Sache sein kann, also Fragmente, die Fragmente sein müssen – ich denke z. B. an die Kunst der Fuge. Wenn unser Leben auch nur ein entferntester Abglanz eines solchen Fragments ist, in dem wenigstens eine kurze Zeit lang die sich immer stärker häufenden verschiedenen Themata zusammenstimmen und in dem der große Kontrapunkt vom Anfang bis zum Ende durchgehalten wird, so daß schließlich nach dem Abbrechen – höchstens noch der Koral: ›Vor deinen Thron tret ich allhier –‹ intoniert werden kann, dann wollen wir uns auch über unser fragmentarisches Leben nicht beklagen, sondern daran sogar froh werden.«

Verdeutlichen wir uns kurz die Situation, die der diese Einsicht in das Frohmachende des Fragmentarischen erwachsen konnte.

Deutschland 1943 – zum einen: Die Ästhetik des Dritten Reiches hatte Heldenplastiken wie die Arno Brekers hervorgebracht, edle Körper im kalten Glanz makelloser Vollkommenheit. Leni Riefenstahls »Triumph des Willens« verherrlicht die Kraft und Harmonie gleichförmiger Massen, aus denen nichts störend herausfällt. Die Architektur Speers und anderer verlangen Ehrfurcht und Bewunderung für vollendete Symmetrien und Proportionen und riesenhafte Dimensionen, die dem Blick fürs Kleine keinen Raum lassen.

Deutschland 1943 – zum anderen: Die Juden werden als minderwertige, häßliche Rasse in Auschwitz vergast. Die Geisteskranken fallen dem Euthanasieprogramm zum Opfer. Von Berlin aus werden Truppen und Bomben der Zerstörung über Ost- und Westeuropa geschickt.

Deutschland 1943 – die Ästhetik der Breker, Riefenstahl und Speer und das Mordprogramm von Hitler, Himmler, Höß: die Ästhetik der Größe und Harmonie einerseits und die Ästhetik der Zerstörung andererseits. Zwei Perspektiven, die sich nur scheinbar widersprechen, in Wahrheit aber zusammenhängen und sich bedingen: Wer nur das Vollkommene duldet, muß das scheinbar Unvollkommene ausmerzen. Das ist das Zerstörerische der Ideologie vom Ganzen.

Bonhoeffer durchschaut die Grausamkeit und Kälte des Totalitarismus und entdeckt in der Ästhetik des Fragments gerade etwas Befreiendes und Frohmachendes. Er nimmt Abschied von einem Bildungsideal, das spätestens seit Auschwitz zur blanken Lüge geworden ist. Menschlicher als die Sieger-, Helden- und Kämpferpose erscheint ihm jenes Bild vom Menschen, das – weil unvollendet – noch offen ist für Entwicklung und Veränderung, nicht starr sich abschließt, das darum auch und gerade das Kleine und Unscheinbare beachten kann,

Das zweite Beispiel bezieht sich auf eine privat-persönliche Grenzsituation, wie sie sich in der Biographie eines jeden von uns einstellen kann – die Erfahrung von Krankheit und Tod.

Maxie Wander, eine Schriftstellerin aus der DDR, an Krebs erkrankt, hat in den letzten Wochen vor ihren Tod Aufzeichnungen und Briefe geschrieben, in denen sie sich mit ihrer tödlichen Krankheit, aber auch mit dem plötzlichen Tod ihrer kleinen Tochter einige Jahre zuvor auseinandersetzt und so zu einem neuen Lebensverständnis findet. In einer dieser Aufzeichnungen findet sich folgende Passage:

> »Ach, die vielen Halbheiten und Schwächen, mit denen wir uns plagen, die wir jedoch am Ende akzeptieren müssen, wenn wir uns wirklich lieben! Zeiger auf dreiviertel Neun. Punkt zwölf ist uninteressant, da hat Gott sein Werk vollendet, da gibt es nichts mehr zu tun. Vollendung ist für die menschliche Phantasie reizlos. Eine vollendete griechische Jünglingsstatue läßt mich kalt, ich werde mißtrauisch, fühle mich hintergangen. Viel erregender finde ich die Skizzen des Bildhauers, seinen Entwurf.
> Aber wir Kleinmütigen, ewig Unmündigen, möchten das absolute Maß, eine Erklärung für alles, was uns umgibt, als könnten wir sonst nicht leben, nichts tun, nichts entscheiden. Wir wollen kein Risiko, wollen keinen Fehler begehen, wir werden uns erst in die Fluten werfen, wenn der Meeresgrund erforscht, ausgemessen und gekennzeichnet ist. Nein, das Bedürfnis nach Sicherheit wirkt auf die Dauer tödlich. Aber wir merken es nicht ... Man möchte es allen Selbstgerechten und allen Kleinmütigen in die Ohren schreien. Man hat plötzlich eine Vision davon, wie reich und lebendig unser Leben sein könnte mit diesem allgemeinen Bekenntnis zum Irrtum ...«
> (Leben wär' eine prima Alternative)

Es ist wohl nicht zufällig, daß die, deren Leben vom drohenden Abbruch gekennzeichnet ist, gerade im Entwurf, in der unvollendeten Skizze des Bildhauers eine erregende Kraft entdeckt, nicht aber in der vollendeten Jünglingsstatue, die sie kalt läßt.

Was aber bewirkt diese Anregung des Entwurfs? Maxie Wander sieht plötzlich diese vielen »Halbheiten und Schwächen« – bei sich selbst und bei anderen – mit anderen Augen – mit den Augen der Liebe.

Zwei Menschen, auf unterschiedliche Weise herausgerissen aus der Selbstverständlichkeit und Fraglosigkeit des Alltagslebens – beide lernen an dieser Grenze neu sehen und üben sich ein in eine Umwertung der üblich geltenden Werte: Sie sehen – Tod, Leid, Unrecht vor Augen – die Brüchigkeit und das Fragmentarische menschlichen Lebens, des persönlichen wie des gesellschaftlichen; der Glanz eines vollendeten, abgerundeten, ganzen Lebens erscheint hier – am Rand – als hohl.

Das Erstaunliche und Bemerkenswerte ist nun aber, daß diese Einsicht nicht in die Resignation führt, sondern als Befreiung erlebt wird. Beide sehen das Fragmentarische nicht wie üblich als enttäuschendes Manko, sondern werten es gerade umgekehrt als Hoffnung. Worin besteht das Befreiende und Frohmachende darin, daß wir Stückwerk sind?

Maxie Wander drückt es profan aus: »Vollendung ist für die menschliche Phantasie reizlos.«

Bonhoeffer faßt dasselbe in der Perspektive des Glaubens: »Es gibt Fragmente, die bedeutsam sind, weil ihre Vollendung nur eine göttliche Sache sein kann.«

Fragmente weisen also auf ihre Vollendung hin. Sie enthalten ein Versprechen und eine Verheißung. Hierin liegt ihre vorwärtstreibende Kraft, die dem scheinbar Vollendeten fehlt, das selbstgenügsam zur Ruhe kommt. Unsere Leben fragmentarisch zu sehen heißt: Wir sind noch nicht das, was wir sein könnten! So, wie es ist, muß es nicht bleiben. Das ist die befreiende Botschaft des Fragments.

Der Hinweis des Paulus an die Korinther, daß unser Wissen Stückwerk sei, dient gerade nicht als Ermahnung zur falschen Bescheidenheit, sondern will vielmehr an das Ausstehende erinnern und die Verheißung wachhalten. Das Jetzt soll durch das Dann überboten werden.

»Wir sehen jetzt durch einen Spiegel ein dunkles Bild; dann aber von Angesicht zu Angesicht. Jetzt erkenne ich stückweise: dann aber werde ich erkennen, wie ich erkannt bin.«

Paulus stachelt also gerade diese Sehnsucht an. Begnügt euch nicht mit dem, was vor Augen ist, was ihr kennt, was ist. Euch ist mehr versprochen. Das, was ist, ist Stückwerk. Als Fragment leben bedeutet also, die Hoffnung nicht zu verraten – heißt: in der Sehnsucht bleiben.

Dieses Hoffnung aber kann befreiend und entlastend wirken. Wir brauchen uns nicht länger zu überfordern und zu quälen mit unerfüllbaren Vollkommenheitsforderungen. Und: Wir müssen nicht länger mit der Lüge leben und der Verdrängung, die immer so tut, als sei alles auf dieser Welt schon in Ordnung.

Es weiteres kommt hinzu: Paulus benutzt den Hinweis auf das Stückwerk unseres Wissens, um etwas deutlich zu machen. Der größere Zusammenhang nämlich, in dem sich der Vers unserer Andacht befindet, ist das sog. »Hohelied der Liebe«.

Um zu zeigen, was *Liebe* bedeutet, kommt Paulus auf das Stückwerk unserer Erkenntnis zu sprechen. Was hat unser Stückwerk-Sein mit der Liebe zu tun?

Erst, wenn wir uns als unvollkommene und unvollständige Fragmente erkennen, erfahren wir zugleich, daß wir auf andere angewiesen sind und die anderen auf uns. Wer glaubt, vollendet zu sein, braucht den anderen nicht. Daß wir aber Stückwerke sind, heißt dann also, daß wir auf die Ergänzungen und Anregungen durch andere angewiesen sind. Als Stückwerke bedürfen wir des anderen, so, wie der andere unserer bedarf. Einander als Stückwerke zu betrachten bedeutet dann, den anderen nicht von seinen Fehlern her zu sehen, sondern von seinen ausstehenden Möglichkeiten.

Erst im Abschied vom falschen Ideal der Vollkommenheit können wir einander unsere Schwächen zugestehen. »Die Liebe trägt alles, sic glaubt alles, sie hofft alles, sie duldet alles«, schreibt Paulus. Bei Maxie Wander klang dieser Gewinn an einfühlender Liebe aus der Einsicht in das Fragmentarische unseres Lebens an: »Wenn wir uns wirklich lieben«, schreibt sie, »lernen wir rücksichts- und verständnisvoller mit den ›vielen Halbheiten und Schwächen, mit denen wir uns plagen, zu leben‹.«

Liebe duldet alles und erträgt alles – nicht, weil sie resignativ und gleichgültig ist, sondern weil sie – wie Paulus sagt – alles hofft, weil sie auf die Vollendung bei Gott hofft, diese Vollendung also nicht vom anderen erwartet, gar fordert und verlangt. Einander zu lieben heißt, wechselseitig einander als Bedürftige zu erkennen und anzunehmen.

Adornos bekanntes Diktum über die Liebe verweist auf dieses wechselseitige Aufeinanderangewiesensein von Menschen, die sich gerade nicht als vollendet, sondern als schwach und als Stückwerk wahrnehmen: »Liebe heißt schwach sich zu zeigen, ohne Stärke zu provozieren.«

»Denn unser Wissen ist Stückwerk« – dieser Paulinische Satz will den Menschen nicht demütigen, sondern ihn befreien und frohmachen: befreien von falschen Idealen, die uns knechten; ermutigen zur Hoffnung, uns Mut machen, in der Sehnsucht zu bleiben; befreien zur wirklichen Liebe unter Gleichen.

Nicht das Pathos von Größe und Vollkommenheit adelt den Menschen, sondern die Einsicht, daß wir noch Stückwerk sind und Bedürftige.

»Gottes bedürfen« – schreibt Kierkegaard – »ist des Menschen höchste Vollkommenheit.«

Amen.

Dem unbekannten Gott – oder: Paulus in Frankfurt

Marburger Universitätsandacht – Apostelgeschichte 17,22-34

Vorspiel: Eduard Th., Karl B. und Lukas in der Weinstube

Es war vor mehr als 50 Jahren: Am Abend dieses letztes Tages des Theologenkongresses – es muß wohl in Basel gewesen sein – trafen sie sich noch zu einem Schoppen Wein: Eduard Th. und Karl B. Außerdem wollte Lukas noch hinzukommen.

Der Tag hatte spannende Vorträge gebracht und lebhafte Diskussionen. Die größte Aufregung aber hatten gerade ihre beiden Vorträge verursacht. Eduard und Karl hatten also durchaus einen Grund zum Feiern, bei aller Bescheidenheit: Mit einem Gläschen Wein durften sie schon aufeinander anstoßen. Und daß Lukas auch kommen wollte, konnte ihnen nur recht sein. Eine Anerkennung, ein paar aufmunternde Worte gerade aus seinem Munde würden nicht schlecht sein. Ein gelungener Tag könnte so seine angemessene Abrundung finden.

So saßen sie also in dem kleinen, aber kuscheligen Weinkeller in einer ruhigen Ecke bei ihrem Schoppen Rotwein. Karl stopfte seine Pfeife. Eduard klopfte ihm freundlich-anerkennend auf die Schulter: »Also, ich muß es dir noch einmal sagen: Wie du dem Emil dein unerbittliches ›Nein!‹ entgegengeschleudert hast – das hat gesessen. Der ganze Raum hat aufgehört zu atmen! Das saß! Ich glaube, jetzt wagt keiner mehr so leichtfertig dieses blöde Wort von der ›Anknüpfung‹ in den Mund zu nehmen. Zumindest die Theologen, die da im Raum waren – von denen jedenfalls wird keiner mehr so schnell davon reden, daß wir mit unserer Verkündigung erst einen Anknüpfungspunkt im Menschen suchen müßten. Also, überhaupt dies Wort: ›Anknüpfung‹ – als wenn wir Pfarrer und Theologen Teppichknüpfer wären. Anknüpfen, wenn ich das schon höre, als wenn es um Flicken geht. Also wirklich, Karl, das hast du ganz meisterlich gemacht. Die hast du wirklich endgültig widerlegt. Diese Schlange der natürlichen Theologie, die darf man gar nicht erst anstarren, die muß man gleich totschlagen.«

Karl stopfte ruhig weiter seine Pfeife, verzog zwar kaum seine Miene, aber man spürte doch, daß ihm das Lob seines Freundes durchaus guttat und er sich die Schmeichelei gerne gefallen ließ. Darum ließ er sich, nachdem Eduard geendet hatte, auch gar nicht lange bitten und revanchierte sich sogleich: »Komm, Eduard, dein Vortrag war aber auch nicht von schlechten Eltern. Die verdutzten Gesichter hättest du einmal sehen müssen, vor allem in der Sekte der Praktischen Theologen. Da sitzen die jahrelang und grübeln darüber, wie predigen wir dem modernen Menschen? Schreiben Bücher über diesen sogenannten ›modernen Menschen‹ – und dann kommst du, zugegeben ziemlich forsch, aber deutlich daher und erklärst kurz und bündig, klipp und klar: Kein Eingehen auf das sogenannte Bedürfnis des Hörers! Das hat getroffen! Die mit ihrem ewigen Gerede, wir müßten uns um genaue Menschenkenntnis bemühen, herausbekommen, was die Leute von heute bewegt – und was sie nicht alles fordern und anstellen, Untersuchungen, Umfragen, was weiß ich noch. Wie soll man da noch predigen können. Wie eine Befreiung war da dein Vortrag. Wie in einem Stakkato kamen deine Befreiungsschläge: ›Der Tod alles Menschlichen ist das Thema der Predigt. Man treibe in der Predigt nicht Aufbau, sondern Abbau. Es handelt sich in der Kirche gerade nicht darum, daß ein Mensch auf andere Menschen eingehe ...‹ Ach, herrlich, wie du das so kompromißlos und unerbittlich in den Saal geschleudert hast. – Und das hat so gut zu meinem Vortrag vorher gepaßt. Findest du nicht auch, Lukas?«

Der Angesprochene schreckte etwas auf. Während des Rückblicks der beiden Freunde war Lukas immer stiller geworden, fast schien es, als wäre er in sich versunken. Er mußte sich erst räuspern, um sprechen zu können. Anfangs stotterte er auch fast: »Paulus, ich meine, Paulus... äh...«

»Ja, Paulus«, unterbrach ihn Karl, »der hätte seine helle Freude an uns gehabt, gell!«

Lukas hörte kaum, daß Karl ihn unterbrochen hatte, und versuchte, seinen Satz zu Ende zu bringen: »Ach, gut, daß Paulus nicht dabei gewesen ist.« – »Wieso denn das?« entfuhr es Eduard. »Was willst du damit sagen?« fragte auch Karl, etwas spitz.

»Ja, wie soll ich es ausdrücken«, druckste Lukas, »also, ich denke, er hätte sich ganz schön angegriffen gefühlt, von euren beiden Vorträgen.«

»Wie bitte?« kam es beiden wie aus einem Munde. Sie schienen sichtlich etwas ärgerlich zu werden. »Könntest du das vielleicht etwas genauer erklären?« verlangte Eduard.

Karl pflichtete ihm bei, wenngleich er beim Thema Paulus mittlerweile wieder die Fassung gefunden hatte: »Also, meinen Paulus kenne ich gut. Alles von ihm, was ich so denke. Also, wieso hätte ausgerechnet Paulus sich von mir angegriffen fühlen müssen, mein lieber Lukas?«

Lukas sah Karl und Eduard an. Er wirkte etwas unsicher. »Ja, vielleicht habe ich euch ja nicht richtig verstanden. Das war ja auch alles sehr theoretisch. Sehr kompliziert, eure Begründungen. Aber das eine habe ich doch immer wieder herausgehört: Keinen Anknüpfungspunkt bei den Menschen suchen, denen wir predigen. Nicht eingehen auf sie. – Tja, und da habe ich mir gedacht, wenn das stimmt, was ihr sagt, ja, dann hat der Paulus es ja falsch gemacht, zum Beispiel damals in Athen, auf dem Areopag.«

Erstaunt hob Eduard seine Augenbrauen. Karl suckelte zweimal hastig an seiner Pfeife: »Warum das denn?«

Und Lukas erzählte, wie es damals gewesen war, als Paulus durch Athen geschlendert war, sich alles angeguckt hatte in dieser großen Stadt, sich das bunte Treiben der Leute näher betrachtet, ihre heiligen Orte besucht und wie er dann auf dem Areopag seine Rede gehalten hatte:

(Lesung Apg 17,22-34)

Während Lukas berichtete, verständigten sich Eduard und Karl mit kurzen Blicken. Bei den Stichworten »Buße« und »den Erdkreis richten« nickten sie sich zu, ein leichtes Lächeln auf ihren Gesichtern.

Als Lukas geendet hatte, entstand eine kleine Pause. Keiner der beiden mochte dem alten Lukas wieder unwirsch in die Parade fahren.

Nach einer Weile fragte Karl, mit ausgesuchter Freundlichkeit: »Lieber Lukas, du sagst es selbst: Auch Paulus hat den Leuten nicht nach dem Mund geredet. Er hat nicht zu den Athenern gesagt: Behaltet eure Götter, die sind prima. Nein, töricht ist er gewesen und hat den vielen gebildeten Hörern von Gott erzählt – und vor allem von Christus, dem Auferstandenen.«

Beruhigt lehnten sich beide auf ihren Stühlen zurück, erwarteten von Lukas schon gar keine Antwort mehr.

»Moment mal«, entgegnete Lukas, sichtlich lebhafter werdend, »das war nicht der Punkt. Es ging ja nicht um die – entschuldigt – alberne Frage, ob wir Gott oder Götzen predigen. Darüber ist doch ernsthaft gar kein Streit. Die Frage war doch die nach dem Anknüpfungspunkt. Darum geht es: Können wir mit unserer Predigt ansetzen bei den Menschen, was in ihnen ist, bei ihren unbewußten Fragen, Ahnungen, Wünschen, Sehnsüchten...«

»Die kennen wir doch: alles korrumpiert von der Sünde«, bellte Eduard laut dazwischen.

»Ahnungen – wenn ich das schon höre«, schimpfte nun auch Karl, »gar nichts ahnt der Mensch. Ahnungslos ist er, der Mensch! Darum muß es ihm gesagt werden! Von außen! Auf den Kopf zu! Wenn du so willst: senkrecht von oben!«

»Ja«, antwortete Lukas, und er wirkte nach seinem Bericht heiter-gelöst, als wäre er in seinem Element, »ja, das scheint Paulus ganz anders gesehen zu haben. So griesgrämig hat er jedenfalls die Athener nicht abgekanzelt. Hätte er sich sonst ihre Stadt genauer angeschaut? Vor allem, hätte er sonst jenen Altar entdeckt, zur Kenntnis genommen und zum Anknüpfungspunkt seiner Rede gemacht, auf dem – seltsam geheimnisvoll – geschrieben stand ›Dem unbekannten Gott‹? Hätte er sonst gewagt zu sagen, daß Gott nicht ferne sei von einem jeden unter uns (Apg 17,27)? Hätte er sonst auf die Werke der bei den Athenern beliebten Dichter verwiesen?«

Beide schwiegen. Karl wechselte seine Pfeife, wortlos. Eduard goß die letzten Tropfen des guten Rotweins nach.

Lukas' Zunge war nun gelöst: »Wenn es nach euch ginge – soweit ich euch richtig verstanden habe –, dürfte es diese Altäre gar nicht geben, auf denen geschrieben steht ›Dem unbekannten Gott‹. Wenn es nach euch ginge, dürfte Paulus weder darauf achten und Bezug nehmen noch auf die Dichter, die die Menschen gerne lesen.«

»Dem unbekannten Gott«, murmelte Eduard vor sich hin.

Leider wissen wir nicht, wie der Abend in der Weinstube ausgegangen ist.

Lukas erinnerte sich. Es war ein typisches déja-vu-Erlebnis. Wieder war es eine gemütliche Ecke in einer Weinstube. Mit ihm saßen zwei junge Theologen am Tisch. Sie hatten ihn als Referenten zu ihrer Vikarstagung eingeladen, auf der über den »Kurs der Kirche« diskutiert und die neueste Studie »Christsein gestalten« besprochen werden sollte.

Wieder lag ein Tag mit heißen Diskussionen hinter ihnen. Fast einhellig hatten die Kritiker der Studie deren »theologisch ungepflegte Sprache« bemängelt. Vor allem aber war die dort aufgestellte Forderung, daß die Kirche sich auf die Lebenswelt der Menschen einzulassen habe, ins Kreuzfeuer geraten. Von »schnöder Anpassung« und unkritischer Einpassung war die Rede. Manche meinten, daß eine Kirche ohne Kurs hier lediglich die »Ideologie des Konsumbürgers« aufnehme.

Zunehmend hatte sich die Aussprache wieder auf diesen einen Punkt zugespitzt: Anknüpfen bei den Menschen – ja oder nein? Und die Stimmung im Saal war ziemlich deutlich: die Fraktion der Anknüpfer hatte es schwer, zumal, nachdem ein Redner spöttisch vom sogenannten »religiösen Flickerlteppich« vom »Mann auf der Straße« gesprochen hatte.

Nach der Hitze der erregten Tagung konnte es nicht ausbleiben, daß auch die kleine Runde im Weinkeller das Gespräch um dasselbe Thema kreisen ließ. Einer der beiden jungen Theologen brachte es auf den Punkt: »Eine Kirche, die den Leuten hinterherrennt und sich immer nur um deren Bedürfnisse kümmert, bleibt ohne Kurs und wird ins Schlingern geraten. ›Bedürfnisse der Leute‹ – wenn ich das schon höre; wir sind doch kein Warenhaus! Es jedem rechtmachen! Für jeden etwas. Was hätten Sie denn gerne! Und Sie bitte schön! Alles da. – Nein, und nochmals nein! So nicht! Hört auf damit. Wir haben eine Botschaft. Eine – nicht tausend Angebote im Sortiment. Auch wenn die nicht gefragt ist – wir müssen es immer sagen, auch wenn sie es nicht hören wollen. Eindeutig, klar. Fangen wir erst damit an, die Bedürfnisse der Leute zu erfragen – dann hat's kein Ende, und wir verwässern alles. Schluß mit dem Gerede von den Bedürfnissen!«

Der junge Theologe, sonst eher zurückhaltend und nachdenklich, war sichtlich in Fahrt gekommen. Auch die anderen waren erstaunt über den Fluß seiner Rede. Der feierliche Ernst seiner Worte hatte sie beeindruckt. Sie konnten einen gewissen Stolz nicht verheimlichen vor ihrem Gast am Tisch, dem alten Lukas. Sie mochten es sich zwar nicht eingestehen, aber insgeheim erwarteten sie jetzt irgendwie eine anerkennende Reaktion von Lukas.

Der aber schwieg nachdenklich. Erst nach einer Weile, die Augen der anderen erwartungsvoll auf sich spürend, begann er zu reden, langsam. Wie damals brachte er zuerst nur seinen Namen heraus: »Paulus, ich meine Paulus... äh...«

»Ja, eben, Paulus, ganz recht«, versuchten ihn die anderen aufzumuntern.

Irritiert schüttelte Lukas den Kopf. »In euren Augen hat er es falsch gemacht, ganz falsch.«

»Paulus, nö! Wieso denn? Ganz stark war der doch, der Paulus«, beteuerten sie. Erleichtert sahen sie sich an. Sie waren sich gewiß, daß dieses Mißverständnis sich leicht aufklären ließ.

Lukas ahnte, wie schwer er es haben würde. »Erinnert ihr euch an die berühmte Rede von Paulus, neulich auf dem Römerberg in Frankfurt?« Lukas bereitete tastend seine Erzählung vor.

»Ja, natürlich. Ging doch durch alle Zeitungen. Etliche Kommentare waren ja voll des Spotts darüber. Das war ja zu erwarten, wenn es einer mal wagt, wie der Paulus, so unerschrocken, so gegen den Zeitgeist zu reden. Wenn einer gegen den Strom schwimmt und keine Rücksicht auf die Meinung der Leute nimmt, was sie so denken und fühlen.«

»Moment mal«, unterbrach Lukas, »offensichtlich wart ihr nicht dabei und kennt nur die Zeitungsmeldungen. Das mit dem Spott einiger Leute, das stimmt schon. Aber daß Paulus sich nicht darum geschert hätte, was seine Hörer in Frankfurt so denken, fühlen – das stimmt nun gerade nicht .Er hat sich sehr genau umgesehen in dieser Stadt vor seiner Rede, hat sich umgetan unter den Menschen. Und er ist dann in seiner großen Rede auf dem Römer ganz genau darauf eingegangen, was er so mitbekommen, gesehen, gespürt hatte.«

Überrascht, aber auch voller Skepsis blickten nun alle auf Lukas. Sie waren gespannt, wie er diese Behauptung erläutern würde.

Und Lukas begann, von Paulus' berühmter Römerbergrede zu erzählen: »Paulus aber stand mitten auf dem Römerberg, das Rathaus im Rücken, vor ihm die vielen Menschen, junge und alte, einheimische und auch einige Ausländer, Gastarbeiter vielleicht oder Asylsuchende. Die Fachwerkhäuser im Hintergrund waren hübsch anzusehen und gaben dem Ganzen etwas Friedliches. Es wirkte auf Paulus fast wie eine Kulisse, wenn er daran dachte, was er sonst alles in Frankfurt gesehen hatte.

Paulus begann zu sprechen: Ihr Männer und Frauen von Frankfurt, ich sehe, daß ihr die Götter in allen Stücken sehr verehrt.

Die Menge sah überrascht zum Redner: Götter in Frankfurt? Heute noch? Wovon redet der? Paulus spürte, daß er sich näher erklären mußte: Ich bin umhergegangen, heute, und habe mir eure Stadt angesehen. Dabei habe ich eure Heiligtümer entdeckt. Ich stand am Lucaebrunnen und habe auf das Portal der Alten Oper gesehen: ›Dem Guten, Schönen, Wahren.‹ Und als ich mich umgedreht habe, fiel mein Blick auf die wunderschönen Türme jener Bank. Die Mittagssonne brach sich vielfach in den spiegelnden Scheiben. Auf die Nachbarhäuser fiel der Glanz von den oberen Etagen herab. Und im Hintergrund sah ich den neuesten Turm, den Messeturm, der alles überragte. Das Richtfest scheint unmittelbar bevorzustehen.

Ich bin dann weitergegangen, vom Opernplatz weg durch die Freßgass. Links und rechts Schlemmerlädchen, üppig gefüllte Regale; exquisite Restaurants mit verlockenden Speisekarten. Ich kam zur Hauptwache und stand am Anfang der Zeil, Europas längster Konsummeile, wie ihr stolz betont. Die Menschen strömten nur so hinein, in diese Warentempel.

Die Leute hörten interessiert zu. Es gefiel ihnen, daß der Fremde schon die schönsten Seiten Frankfurts entdeckt hatte und auch zu würdigen wußte. Sie als ›Heiligtümer‹ zu bezeichnen, na ja, das klang zwar etwas übertrieben, aber irgendwie traf es dann schon. Also, ein gelungener Einstieg: der Redner hatte die Menschen für sich eingenommen. Sie waren gespannt, was er weiter erzählen würde und worauf er hinauswollte.

Paulus sprach also: Ich bin umhergegangen und habe eure Heiligtümer angesehen – Paulus machte eine Pause, so daß die Spannung stieg – und Paulus fuhr fort: Und ich fand einen Altar, auf dem stand geschrieben: Dem unbekannten Gott.

Wie bitte? Wo? – riefen Vereinzelte aus der Menge.

Paulus hatte mit diesem Erstaunen gerechnet. Er mußte wieder von seinem Spaziergang erzählen: An der Hauptwache. Ich ging die Treppe hinunter zur U-Bahn. Da stand es, auf einem Pappschild war es geschrieben.

Was denn? kam es aus der Menge.

›Ich habe Hunger. Entlassener Strafgefangener bittet um eine Spende.‹

Unruhe machte sich breit: Spinnt der? riefen einige.

›Dem unbekannten Gott‹ – bitte schön: wo? erinnerten einige – mit gereizter Stimme.

Und Paulus gab Antwort: Dort unten auf der Kachelwand in den Untergrund stand's. Was denn? kam's ungeduldig zu ihm herauf.

Eine Sprühschrift, ein greller Graffiti war da zu lesen: ›Heute schon gelebt?‹ stand da und darunter ein anderer Spruch: ›Befreit Grönland vom Packeis!‹

Vereinzelte Pfiffe wurden laut. Bewegung kam auf, ein Teil der Menge löste sich auf. Etliche verließen den Platz, manche anscheinend belustigt.

In den ersten Reihen blieben sie. Sie schienen zu hoffen, daß Paulus nach diesen Witzen nun endlich Auskunft geben würde: Zur Sache, Paulus: Wo hast du deinen Altar gefunden, auf dem angeblich steht: ›Dem unbekannten Gott‹?

Ich sag's euch doch: dort unten.

Was? Wie?

Auf dem Boden. Da lag er, dieser zerrissene Zettel. Die junge Frau da in der Ecke hatte ihn verloren, als sie zum wiederholten Male ihr Taschentuch aus der Manteltasche zog, um sich die Tränen abzuwischen. Sie hatte wohl fast eine Stunde dort gewartet. Auf wen wohl? Er schien nicht gekommen zu sein. Zögernd ist sie dann gegangen, unschlüssig erst in die eine, dann in die andere Richtung. Schließlich verschwand sie in der Menge. Es schien, als wankte sie ein wenig. Ich hob den Zettel auf. Es muß wohl ein Gedicht gewesen sein, das sie sich da aufgeschrieben hatte. An manchen Stellen war die Tinte zerflossen. Der Zettel war oben abgerissen. Ich konnte nur noch die letzten Zeilen lesen:

›... Ich bin satt vor der Zeit
und hungre nach ihr.
Was soll nur werden?
Auf den Bergen werden nachts die Feuer brennen.

Soll ich mich aufmachen, mich allen wieder nähern?
Ich kann in keinem Weg mehr einen Weg sehen.‹

I. Bachmann stand darunter.

Paulus' Stimme war leiser geworden. Um so lauter wurde es auf dem Platz.«

Die jungen Theologen im Weinkeller sahen zunehmend befremdet auf ihren Lukas. Was redete der denn da?

Lukas sah in ihre verständnislosen Augen.

Höflich bat ihn schließlich einer der Vikare: »Wie ging sie denn nun weiter? Die Rede des Paulus?«

»Er hat den Christus verkündigt«, gab Lukas kurz und bündig zur Antwort, offenbar müde, noch mehr zu sagen.

So schwieg die Runde noch lange an diesem Abend. Die jungen Theologen rätselten, was Paulus wohl auf dem Römer gesagt hatte. Lukas ließ sich jedenfalls nicht bewegen, noch mehr Einzelheiten zu verraten.

Auf ihre Nachfragen beschied er sie nur kurz mit der ausweichenden Auskunft: »Ich habe auch nicht alles mehr verstehen können. Vom nahen Paulusplatz läutete nämlich um die Zeit mit einem Mal eine Glocke. Sie sagten, es sei eine Todesglocke. Der Wind trug die Litanei einer langen Liste von Namen herüber. Von Verstorbenen, sagten sie.«

Die Stimmung war dahin an diesem Abend. Die jungen Theologen ratlos.

Glauben heißt aufbrechen

Marburger Universitätsandacht zu Abraham – 1. Mose 12

Liebe Gemeinde, schenkt uns der Glaube Geborgenheit? Sind wir angekommen, wenn wir zum Glauben gekommen sind? Gibt er uns Ruhe, Schutz und Sicherheit wie eine gutgebaute Festung?

Was ist Glaube? Was heißt Glauben?

Paulus hat in seinem Brief an die Römer diese Frage ausführlich behandelt. Gerechtigkeit kommt allein aus Glauben – wie aber sieht Glaube aus? Gibt es anschauliche Bespiele für Glauben? Paulus nennt ein Beispiel, ja das Beispiel überhaupt: »Wenn ihr wissen wollt, was es heißt, aus dem Glauben zu leben, dann seht auf Abraham. ›Der ist unser aller Vater.‹« (Römer 1,16)

Was gibt es an Abraham zu lernen? Inwiefern ist er der Vater des Glaubens?

Manche denken zuerst an Isaaks Opferung durch Abraham. (So auch diejenigen, die mir den Text 1. Mose 22 als Grundlage für diese Andacht ausgesucht haben.) Glaube im Modell dieser Geschichte wird dann verstanden als unbedingter Gehorsam, der auch vor der Opferung des Sohnes nicht zurückschreckt. Die unverständliche Forderung Gottes in dieser Geschichte zeige gerade seine völlige Unvergleichlichkeit, seine absolute Andersheit – Abrahams Glaube sei die einschränkungslose Hingabe an diesen Gott.

Glaube als Gehorsam? Paulus bringt Abraham nicht mit dieser Geschichte in Zusammenhang. Paulus lobt nicht den Gehorsam des Abraham. Er hebt etwas anders an Abrahams Glauben hervor: »...er hat geglaubt auf Hoffnung, wo nichts zu hoffen war...«, schreibt Paulus (Römer 4,18).

Ich will auf dieser Spur des Paulus bleiben. Darum werde ich als Schlüsseltext für Abraham, um den es heute innerhalb der diessemestrigen Universitätsandachten zu Gestalten des Alten Testaments geht, nicht Gen 22, also die Opferung Isaaks, nehmen, sondern einen früheren Text, einen Text, der uns vielleicht anschaulich machen kann, was Paulus meint mit der Wendung: »... er hat geglaubt, wo nichts zu hoffen war.«

»Und der Herr sprach zu Abram: ›Geh aus deinem Vaterland und von deiner Verwandtschaft und aus deines Vaters Hause in ein Land, das ich dir zeigen will.‹«

Am Anfang der Glaubensgeschichte des Abraham steht eine Verheißung und die Hoffnung, die dieser Verheißung glaubt.

Entscheidend ist nun aber, daß die Verheißung an Abraham in Gestalt eines Aufrufs erfolgt. Gottes Verheißung an Abraham ergeht dadurch, daß er ihn zum Aufbruch ruft. Und dieser Aufbruch ist radikal, wie er radikaler nicht gedacht werden kann. Aus allem, was dem Abraham vertraut und vielleicht auch lieb war, wird er herausgerufen: »Geh aus deinem Vaterland« – und als wenn das noch nicht deutlich genug wäre, wird es noch einmal in seinen einzelnen Konsequenzen beschrieben: »Geh von deiner Verwandtschaft, verlaß deine Familie und Verwandten« und: »Geh aus deines Vaters Haus«.

Am Anfang der Glaubensgeschichte des Abraham steht also der Aufbruch. Von Abraham lernen wir also: Glauben heißt aufbrechen.

Wohin führt dieser Aufbruch? Abraham erfährt nichts Konkretes. Wir brechen ja gern zu einer Reise auf, wenn das Ziel verlockend ist und wenn wir die Rückfahrkarte in der Tasche haben. Abraham aber bricht auf – ohne zu wissen, wohin, Und er wird auch nie zurückkehren. Keine Rückfahrkarte. Es ist also wirklich ein radikaler Aufbruch, der alles hinter sich läßt, ein radikaler Abschied von allem Alten und Vertrauten. Kein Vaterland mehr, keine Verwandten mehr, keines Vaters Haus mehr.

Abraham läßt alles hinter sich. Abraham wird heimatlos. Ein Fremdling in unbekannten Ländern. Eine lange und ungewisse Wanderschaft beginnt.

Wenn wir von Abraham lernen wollen, bedeutet das dann nicht auch: Glauben heißt heimatlos werden? Auf Wanderschaft gehen? In die Fremde gehen?

Abraham bricht auf, verläßt das ihm Vertraute, ohne das Ziel zu kennen. Aber über seinem Aufbruch liegt eine Verheißung: »... in ein Land, das ich dir zeigen will.« Abraham kennt dieses Land nicht, aber er hofft auf diese Verheißung. Diese Hoffnung treibt ihn an, sie bewegt ihn zum Aufbruch.

Abraham läßt alle Sicherheit zurück. Das einzige, woran er sich halten kann, ist die Hoffnung der Verheißung.

Alle drei Momente, die uns das Bild Abrahams gezeichnet hat, gehören zusammen:

Glauben ist:

– eine Bewegung des Aufbruchs, die zugleich ein Weg
– in die Fremde und Heimatlosigkeit ist und die vollzogen wird
– im Vertrauen auf eine Verheißung.

Oder anders: Glaubende haben eine Sehnsucht und eine Hoffnung. Die Welt, in der wir uns vorfinden, ist nicht schon Heimat. Wie könnte diese Welt, so, wie sie ist, schon Heimat sein, in der wir es uns gemütlich machen könnten? Glaubende brechen auf. Sie verlassen die alte Heimat und das Vertraute. Sie trauen der Verheißung und glauben der Hoffnung.

Paulus nennt Abraham den Vater des Glaubens. Auf seinem zum Aufbruch bereiten Glauben liegt auch unsere Hoffnung. Die Berufung des Abraham endet mit der Zusage Gottes: »... in dir sollen gesegnet werden alle Geschlechter auf Erden.« (1. Mose 12,3)

Der jüdische Religionsphilosoph Emmanuel Levinas sieht in Abraham das Urbild gelingender Menschlichkeit. Er stellt ihn einem anderen Urbild gegenüber, dem Odysseus. Odysseus gilt bekanntlich als Urbild der neuzeitlichen Subjektivität. Auch Odysseus hat sich auf die Reise begeben, eine Reise, die ihn in gefährliche Abenteuer verstrickt, die er mit viel List und Selbstverleugnung überstehen muß. Odysseus gilt als Symbol dafür, wie es dem Menschen gelingt, sich angesichts der Gefährdungen durch die Natur durch Verzicht und Opfer schließlich doch erfolgreich zu behaupten. Odysseus kehrt am Ende seiner Irrfahrt nach Hause zurück zu seiner Frau Penelope.

Levinas sieht in Odysseus das Urbild einer Selbstwerdung durch Selbstbehauptung.

Abraham ist dazu ein Gegenbild: Abraham bricht auf, ohne zurückzukehren oder zurückkehren zu wollen. Abraham setzt sich der Fremde aus und wird schutzlos und heimatlos, Odysseus versucht sich mit List und Tücke zu behaupten und durchzusetzen.

Levinas fragt, wie kann Menschlichkeit gelingen? Nach dem Modell des Odysseus oder nach dem des Abraham? Worauf liegt der Segen der Menschheit? Gegen das Prinzip der Selbstbehauptung und der Selbstdurchsetzung, wofür Odysseus steht, setzt Levinas auf Abraham: allein in der Bereitschaft zum Aufbruch, zum

Auszug aus dem, was uns vertraut ist, und in der Öffnung zum anderen liegt die Chance von Menschlichkeit.

Das Motiv des Aufbruchs und das der Wanderschaft kehrt im Alten Testament noch vielfach wieder, auch das Motiv der Heimatlosigkeit und der Fremdlingschaft.

So erinnert das Credo des Volkes Israel an die Zeit, in der sie *Fremdlinge* waren im fremden Ägypten. Und das Bekenntnis erinnert als Grunddatum des Glaubens an die Erfahrung des *Auszugs* und der Befreiung: Um der Verheißung Gottes willen bricht das Volk auf, verläßt die Fleischtöpfe Ägyptens und begibt sich auf den Weg der *Wanderung* durch die Wüste – die Wüste als Ort der ungastlichen Heimatlosigkeit.

Fremdlingschaft und Exodus werden dann vor allem in der Zeit erneuter Heimatlosigkeit, im Exil, bezeugt und erinnert. Und weil diese Fremdlingschaft immer wieder in Vergessenheit zu geraten droht, sollen Gebote das Volk daran erinnern: So heißt es etwa 3. Mose 25,23: »Darum sollt ihr das Land nicht verkaufen; denn das Land ist mein, und ihr seid Fremdlinge und Beisassen bei mir.« Und der Psalmist betet im Bewußtsein dieser Heimatlosigkeit: »Ich bin ein Gast auf Erden ...« (Psalm 119,19)

Aufbruch, Wanderschaft, Heimatlosigkeit, Fremdlingschaft, Exil – Merkmale des Glaubens? Gut, das mag eine spezifisch jüdische Erfahrung widerspiegeln – aber als Kennzeichen auch christlichen Glaubens?

Nun: Paulus nennt Abraham den Vater unseres Glaubens. Und suchen wir, wie im Neuen Testament der Glaube be- und umschrieben wird, dann stoßen wir immer wieder auf ähnliche Motive wie bei Abaraham: Auszug und Aufbruch, Heimatlosigkeit und Fremdlingschaft, Verheißung und Hoffnung.

Sehen wir uns einige an:

So wird etwa der Glaube als Nachfolge ähnlich wie bei Abraham als Abschied vom Vaterhaus und als Auszug beschrieben:

So läßt das Matthäus-Evangelium etwa Jesus sagen: »Denn ich bin gekommen, den Menschen zu entzweien mit seinem Vater und die Tochter mit ihrer Mutter und die Schwiegertochter mit ihrer Schwiegermutter ... Wer Vater und Mutter mehr liebt als mich, der ist meiner nicht wert; und wer Sohn und Tochter mehr liebt als mich, der ist meiner nicht wert.« (Matthäus 10,35.37)

Bei Lukas liest es sich härter: »Wenn jemand zu mir kommt und haßt nicht seinen Vater, Mutter, Frau, Kinder, Brüder, Schwestern und dazu sich selbst, der kann nicht mein Jünger sein.« (Lukas 14,26) Glauben heißt aufbrechen, das Vertraute und Verwandte verlassen – bei Abraham und bei Jesus.

Und der Aufbruch führt in die Heimatlosigkeit – nicht nur bei Abraham, auch in der Nachfolge des Glaubens. Bei Matthäus 8,19-22 heißt es: »Und es trat ein Schriftgelehrter herzu und sprach zu ihm: Meister, ich will dir folgen, wohin du gehst. Jesus sagt zu ihm: Die Füchse haben Gruben, und die Vögel unter dem Himmel haben Nester; aber der Menschensohn hat nichts, wo er sein Haupt hinlege. Und ein anderer unter den Jüngern sprach zu ihm: Herr, erlaube mir, daß ich zuvor hingehe und meinen Vater begrabe. Aber Jesus spricht zu ihm: Folge du mir, und laß die Toten ihre Toten begraben!«

Diese Nachfolgeforderungen irritieren uns vielleicht, weil sie sehr lieblos klingen, sehr rigoros und ein bißchen fanatisch. Aber beschreiben sie die Situation des Glaubenden nicht ähnlich wie die des Abraham, der aufbricht: Auszug aus vertrauter, familiärer Geborgenheit und Weg in die Fremde und Heimatlosigkeit?

Heimatlosigkeit und Wanderschaft sind darum nicht nur jüdische Erfahrungen. Der Hebräerbrief zeigt, wie sehr sich gerade auch die christliche Gemeinde in dieser Beschreibung wiederfindet. Die Existenz der Glaubenden ist hier ein Leben unter der Verheißung – einer Verheißung, die nicht beruhigt, sondern in Bewegung setzt.

Die christliche Gemeinde versteht sich darum als *wanderndes* Gottesvolk, dem – wie es im 4. Kapitel heißt – »die Ruhe Gottes« verheißen ist, zu der es aber noch nicht gelangt ist. Darum »laßt uns nun mit Furcht darauf achten, daß keiner von euch etwa zurückbleibe, solange die Verheißung noch besteht, daß wir zu einer Ruhe kommen.« (Hebräer 4,1)

Gegen die falsche Ruhe steht das Festhalten an der Verheißung, die in Bewegung setzt. Keiner soll vom Aufbruch zurückbleiben: »Wir wünschen aber, daß jeder von euch denselben Eifer beweise, die Hoffnung festzuhalten bis ans Ende, damit ihr nicht träge werdet, sondern Nachfolger derer, die durch Glauben und Geduld die Verheißungen ererben. Denn als Gott dem Abraham die Verheißung gab, schwor er bei sich selbst…und sprach: ›Wahrlich, ich will dich segnen und mehren.‹ Und so wartete Abraham in Geduld und erlangte die Verheißung.« (Hebräer 6,13f)

Glaubende sind – so der Hebräerbrief – unterwegs. Sie sind noch nicht zur Ruhe gekommen. Denn sie halten an der Verheißung fest. Auf dieser Welt sind sie heimatlos, noch auf der Wanderschaft.

Der Ort der Christen ist darum nicht drinnen, im geschützten Raum, der abgeschottet wird gegenüber der Welt draußen, mit all ihrem Leid und ihrer Ungerechtigkeit. Im Schlußkapitel erinnert der Hebräerbrief an den, der auch nicht bei sich geblieben ist, der herabgestiegen ist und ausgezogen zu den anderen: an Jesus, der »draußen vor dem Tor« gelitten hat.

Nicht drinnen bleiben, bei sich, sondern zu den anderen, nach draußen, gehen: dies ist die Bewegung des wandernden Gottesvolkes.

Der Hebräerbrief schließt darum mit einer Aufforderung, die zugleich die Hoffnung wachhält: Hebräer 13,13f heißt es: »So laßt uns nun zu ihm hinausgehen aus dem Lager und seine Schmach tragen.

Denn wir haben hier keine bleibende Stadt, sondern die zukünftige suchen wir.«

Glaubende haben hier keine bleibende Stadt, sondern die zukünftige suchen sie.

Dies ist keine sentimentale Weltflucht.

Das ist die ernste Bewegung des Glaubens.

Wer das Leiden anderer wahrnimmt, kann nicht bei sich bleiben.

In der Welt, wie sie ist, kann der Glaubende – wie Heinrich Böll formuliert – »sich nie ganz zu Hause fühlen«.

Glaubende sind heimatlos, weil sie der Verheißung glauben. Glauben heißt darum, in der Sehnsucht zu bleiben.

Darum brechen sie auf.

In einer Zeit neuer Utopieverbote und sich ausbreitender Selbstgefälligkeit sollten wir uns von Abraham, dem Vater unseres Glaubens, bewegen lassen.

Aufbrechen – nach draußen gehen, zu denen, die draußen sind.

Glauben wir der Verheißung. Amen.

Gelebte Rechtfertigung (Römer 3,19-28)
Predigt im Universitätsgottesdienst in der Christuskirche zu Mainz am 5. November 1978 (24. Sonntag nach Trinitatis/Reformationsfest). Zitate: Ernst Bloch, Zweierlei Kant-Gedenkjahre, in: Gesamtausgabe Bd. 10, Frankfurt 1969, S. 442; J. W. v. Goethe, Faust II, 5. Akt; Martin Luther, WA 54, 14ff; Martin Luther, TR 3, 3232v (Juni 1532); Martin Luther, WA 54, 185, 14ff (zit. nach: H. Fausel, D. Martin Luther. Leben und Werk 1483-1521, Calwer Luther Ausgabe 11, München/Hamburg 1966, S. 55ff); Wolfgang Borchert, Draußen vor der Tür, 5. Szene, Hamburg.

Das Fest des Kindes (Matthäus 2,1-12[16-18])
Predigt im Universitätsgottesdienst in der Christuskirche zu Mainz am 7. Januar 1979 (Epiphaniasfest). Zitate: Angelus Silesius, Cherubinischer Wandersmann; J. W. v. Goethe, Epiphaniasfest, in: Ges. Werke Bd. 1, Wiesbaden 1949 (zit. nach: E. Borchers, Das Weihnachtsbuch, Frankfurt 1973, S. 115); Peter Handke, Das Gewicht der Welt, Salzburg 1977, S. 232)

Hoffnung und Trauer (Apostelgeschichte 21,1-17.24)
Predigt im Universitätsgottesdienst in der Christuskirche zu Mainz am 26. September 1982. Lied nach der Predigt: »Ich ruf zu dir, Herr Jesu Christ« (EKG 244,1-3). Zitat: Günter Kunert, Die Frage, in: Abtötungsverfahren, München 1980[3], S. 10.

Eine Abrüstungsgeschichte (Johannes 8,1-11)
Predigt im Universitätsgottesdienst in der Christuskirche zu Mainz am 26. Juni 1983. Die Deutung dieser Perikope als Geschichte einer kynisch motivierten Abrüstung verdankt sich unter anderem der Lektüre von P. Sloterdijks »Kritik der zynischen Vernunft«. Jesu Geste des spöttischen Fingerspiels auf der Erde wäre einzuordnen in die »Überlieferung physiognomisch-beredter Gesten«: »In dieser stummen Tradition erscheint eine Anzahl feststehender Gebärden, die durch die Jahrtausende hindurch mit der archetypischen Beharrungskraft und Wandlungsfähigkeit von Urmotiven wiederkehren: ein skeptisches Kopfschütteln; ein

schadenfrohes Gelächter; ein achselzuckendes Zurückkommen auf näherliegende Dinge; ein realistisches Erstaunen über die Unbeholfenheit gerade der Geistreichsten; ein sturnackiges Beharren auf dem Ernst des Lebens gegenüber den leichtsinnigen Wortgirlanden der Abstraktion. Hier wird das, was dem philosophischen Denken Größe gibt, als Ausdruck einer Schwäche enthüllt – als Nichtkleinseinkönnen und als Abwesenheit des Geistes vom Offenkundigsten.« (Bd. 2, S. 929) – Kynische Freiheit erwächst aus der Liebe zum Kleinen, Schwachen und aus dem Interesse, die Mächtigen zu entwaffnen – nicht zu bekämpfen. Eben *»frech achtet die Liebe das Kleine«*. Zitate: Dostojewski, Die Brüder Karamassof (SW Hg. E. K. Rahsin) München 1977/1980, S. 407; Peter Sloterdijk, Kritik der zynischen Vernunft, 2 Bde., Frankfurt 1983.

Gefängnis und Alltag –
oder: Was unsere Fesseln löst (Philipper 3,3-11)
Predigt im Universitätsgottesdienst in der Christuskirche zu Mainz am 26. Oktober 1986. Lied nach der Predigt: »Jesus ist kommen, nun springen die Bande« (EKG 53,2-3.8)

Unter dem Pflaster liegt der Strand (Matthäus 22,2-14)
Predigt im Universitätsgottesdienst mit Abendmahl in der Universitätskirche Marburg am 28. Juni 1987. Zitat: Rose Ausländer, Sabbat II, in: Mein Venedig versinkt nicht, Frankfurt 1982, S. 103.

Werdet Bedürftige (Kolosser 4,2-4 [5-6])
Predigt im Universitätsgottesdienst in der Universitätskirche Marburg am 8. Mai 1988 (Rogate). Zitate: Lutherzitate nach Gert Otto, Vernunft, Stuttgart 1970, S. 93; Günter Kunert, Vergeblicher Versuch, in: Stilleben, München 1983, S. 90; Günter Kunert, Verspätete Monologe, München 1981, S. 33; Etty Hillesum, Das denkende Herz der Baracke, Freiburg/Heidelberg 1983, S. 109f. und 183; Rundschreiben Martin Bormann vom 9.6.1941 zum Verhältnis von »Nationalsozialismus und Christentum«, zit. nach: Ulrich Schneider, Bekennende Kirche zwischen ›freudigem Ja‹ und antifaschistischem Widerstand, Kassel 1986, S. 520f.

Gott erscheint bei den Opfern (Johannes 1,29-34)
Predigt im Universitätsgottesdienst in der Universitätskirche Marburg am 8. Januar 1989 (1. Sonntag nach Epiphanias). Zitat: Gunnar Heinsohn, Über den Ursprung von Monotheismus und Judenhaß, in: Albert Sölnner (Hg.), Der sogenannte Gott, Frankfurt/M. 1988, S. 26. Weitere Literatur: René Girard, Das Ende der Gewalt, Freiburg 1983; René Girard, Das Heilige und die Gewalt, Zürich 1987; Adolf Holl, Das Heilige, in: Kursbuch 93, 1988, S. 17-25.

Das Ende der Bescheidenheit (Lukas 18,1-8)
Predigt im Universitätsgottesdienst in der Universitätskirche Marburg am 12. November 1989 (Drittletzter Sonntag des Kirchenjahres). Zitate: Rudolf Bohren, GPM V/2, 1982/3, S. 491; J. Chr. Blumhardt, zit. ebda, S. 488.

»Komm!« oder: Apokalypse als Offenbarung der Güte (Lukas 21,25-33)
Predigt im Universitätsgottesdienst in der Universitätskirche Marburg am 9. Dezember 1990 (2. Advent)

Liturgie
Vorspiel; »Komm, heiliger Geist« (EKG 124)
Eingangslied: »O Heiland, reiß die Himmel auf« (EKG 5)
Eingangspsalm: Gott, tröste uns wieder und laß leuchten dein Antlitz, so genesen wir … (Psalm 80,4.9-16a)
Aufforderung zum Bittruf:
Alles muß anders werden,
sagen die einen,
Tod und Untergang sind vor der Tür. –
Auf vertrauten Wegen müssen wir bleiben,
sagen die anderen,
nur dann werden wir die Krise meistern. –
Manchmal fühlen wir uns ausgeliefert
im Streit der Meinungen.
Von Illusionen verführt,
in Zwängen gefangen
verlieren wir Selbstvertrauen,
lassen uns treiben,
wachen erst auf,
wenn es zu spät ist. –

(Lobpreis entfällt)
Eingangsgebet:
Komm du uns nahe, Gott.
Komm mit deiner Güte.
Komm mit deiner Gerechtigkeit,
die Verschlossenes öffnet.
Zeig uns Güte,
daß wir aus uns herausgehen
und einander gerecht werden
wie Jesus uns.

Schriftlesung: Lukas 21,25-33
Wochenlied: »Ihr lieben Christen, freut euch nun« (EKG 3)
Lied nach der Predigt: »Wie soll ich dich empfangen«
(EKG 10,1.2.6-8)
Gebet:
Du, Herr, bist der Kommende.
Wir warten auf dich,
aber wir haben dich nicht.
Wir warten auf dich,
und deshalb sind wir mit unserem Leben
noch nicht zu Ende gekommen.
Deshalb bleiben wir in der Sehnsucht.
Wir warten auf dich, Herr,
deshalb sind wir mit allem,
was unser Leben ausmacht,
noch unterwegs.
Du Herr, bist der Kommende,
wir aber warten auf dich,
aber wir haben dich nicht.
Halte uns in der Hoffnung.
Fürbitten:
Tröstender Gott,
wir erfahren so viel
über unsere Welt,
über fehlende Güte,
und können so wenig verändern.
Wir werden müde,
weil wir kein Ende sehen.
Komm, du Menschenfreund,

mit deiner Güte.
Laß uns herauskommen.
Zeig uns,
wen wir in deinem Namen
erreichen können:
die Erschöpften
und die Abgestumpften,
daß wir sie ermuntern,
daß ihre Augen wieder lachen können;
die Einsamen
und die Verborgenen,
daß sie sich wieder unter Menschen trauen,
daß sie nicht aufgeben,
sondern am Leben bleiben;
die Ratlosen,
die am Ende sind,
daß Menschen kommen und sie begleiten,
daß sie sich wieder Anfänge zutrauen.
Komm, Gott,
tröste uns,
deine armselige Gemeinde,
auf daß wir wieder trösten können.

Schlußlied: »Alles vergehet, Gott aber stehet« (EKG 346,8)

Gebete in Abwandlung formuliert nach: Agende I, Die Sonn- und Feiertage. Erarbeitet von der Liturgischen Kammer, hg. vom Landeskirchenamt der Evang. Kirche von Kurhessen-Waldeck, Kassel 1985, S. 11ff. Literatur zum Gedanken der Güte, die vom Jenseits des Seins kommt: Emmanuel Levinas, Wenn Gott ins Denken einfällt, Freiburg/München 1985; Emmanuel Levinas, Totalität und Unendlichkeit, Freiburg/München 1987.

Gott loben heißt protestieren (Offenbarung 15,2-4)
Predigt am Sonntag Kantate, 20.5.1984, in der Stadtkirche Westerburg

Gegen das ungelebte Leben (Johannes 12,35-36)
Predigt am 3. Sonntag nach Epiphanias, 23.1.1983, in der Stadtkirche Westerburg

Trösten lernen (Jesaja 40,1-5 [6-8])
Predigt am 3. Advent, 12.12.1982, in der Stadtkirche Westerburg

Meditation zu Raum und Text (Offenbarung 21,1-5)
Marburger Schloßandacht am 21. Juni 1987. Zitate: Günter Kunert, Altwerden, in: Stilleben, München 1983, S. 24; Günter Kunert, Gesellschaft, in: Abtötungsverfahren, München 1980, S. 46; Charles Baudelaire, Die Reise, in: Die Blumen des Bösen, W. Killy (Hg.), Frankfurt 1963; Ingeborg Bachmann, Der Fall Franza, in: Werke, Bd. 3, München/Zürich 1978, S. 339ff.; Max Horkheimer, Die Sehnsucht nach dem ganz Anderen, in GS Bd. 7, Frankfurt 1985, S. 389; Christa Wolf, Kassandra, Darmstadt/Neuwied 1983, S. 152.

Pflicht oder Hoffnung? Kleine Grammatik des Handelns (1. Petrus 3,8-17)
Marburger Schloßandacht am 20. Juni 1988. Zitate: Bert Brecht, Verurteilung der Ethiken, aus: Me-ti/Buch der Wendungen, in: GW Bd. 12, Frankfurt 1967, S. 476; Bert Brecht, Unrecht tun und Unrecht dulden, ebda. S. 473; Theodor W. Adorno, Marginalien zu Theorie und Praxis, in: Stichworte, Frankfurt 1969, S. 179; Bert Brecht, Sprüche II, in: GW, Bd. 10, Frankfurt 1967, S. 966.

Die doppelte Ent-täuschung (Lukas 24,13-35)
Marburger Universitätsandacht am 15. Juli 1988

Ist alles gleichgültig?
oder: Einen Text verstehen heißt um ihn ringen
(Maleachi 3,19-21)
Marburger Universitätsandacht am 7. Juli 1989. Zitat: Martin Buber, Die Erzählungen der Chassidim, Zürich 1987, S. 144.

Denn unser Wissen ist Stückwerk (1. Korinther 13,9)
Morgenandacht auf der Tutzinger Tagung »Mit Humboldt ins Jahr 2000?« am 14. Januar 1990. Zitate: Dietrich Bonhoeffer, Widerstand und Ergebung, München 1952, S. 80 und 153f.; Maxie Wander, Leben wär' eine prima Alternative, Darmstadt/Neuwied 1980[3], S. 146f.; Theodor W. Adorno, Minima Moralia, Frankfurt 1970, S. 255; Sören Kierkegaard, Vier erbauliche Reden 1844, in: GW (Hg. Hirsch/Gerdes), 13./14. Abt. Gütersloh 1981, S. 5.

Dem unbekannten Gott – oder: Paulus in Frankfurt (Apostelgeschichte 17,22-34)
Marburger Universitätsandacht am 9. Februar 1990. Die im Text erwähnte »Todesglocke« wurde aus Anlaß einer Demonstration von HIV-Positiven und AIDS-Kranken geläutet.

Glauben heißt aufbrechen (1. Mose 12)
Marburger Universitätsandacht zu Abraham am 2. November 1990. Zitate: Emmanuel Levinas, Die Spur des Anderen, Freiburg/München 1983, S. 215; Heinrich Böll, Weil wir uns auf dieser Erde nicht ganz zu Hause fühlen, in: K.-J. Kuschel, Weil wir uns auf dieser Erde nicht ganz zu Hause fühlen. 12 Schriftsteller über Religion und Literatur, München/Zürich 1985, S. 64-76.

Lieferbare Radius-Bücher. Eine Auswahl

Gerhard Begrich: Genesis. Das erste Buch Mose neu übersetzt und erläutert
Gerhard Begrich / Jörg Uhle-Wettler: Vergessene Texte. Assoziationen (4 Bde.)
Mit den fünf Büchern Mose / den Propheten / den Psalmen / den Apokryphen durch das Kirchenjahr
Peter Bichsel: Möchten Sie Mozart gewesen sein?
Christoph Dinkel (Hg): Im Namen Gottes. Kanzelreden zu den sechs Perikopenreihen *(Sechs Bände, auch einzeln erhältlich)*
Wolfgang Erk (Hg): Neues Jahr – neues Glück! Literarische Texte zum Geburtstag und zur Jahreswende
Wolfgang Erk (Hg): Viele gute Wünsche. Literarische Annäherungen
Marcell Feldberg (Hg): Tod und Abschied. Texte zur Trauer und darüber hinaus
Traugott Giesen: BIBEL-Energie
Peter Härtling: 80 – Versuch einer Summe
Gisela und Ulrich Häussermann (Hg): Frauengedichte der Welt
Klaus-Peter Hertzsch: Chancen des Alters. Sieben Thesen
Klaus-Peter Hertzsch: Der ganze Fisch war voll Gesang
Klaus-Peter Hertzsch: Sag meinen Kindern, dass sie weiterziehn. Erinnerungen
Klaus-Peter Hertzsch: Das Selbstverständliche ist das Erstaunliche Predigten, Reden, Texte
Walter Jens: Die vier Evangelien
Walter Jens: Der Römerbrief
Walter Jens: Das A und das O. Die Offenbarung
Walter Jens: Der Teufel lebt nicht mehr, mein Herr! Erdachte Monologe - Imaginäre Gespräche
Klaus-Peter Jörns: Glaubwürdig von Gott reden Gründe für eine theologische Kritik der Bibel
Eberhard Jüngel: Anfänger. Herkunft und Zukunft christlicher Existenz
Eberhard Jüngel: Außer sich. Theologische Texte
Eberhard Jüngel: Beziehungsreich. Perspektiven des Glaubens
Eberhard Jüngel: Erfahrungen mit der Erfahrung. Unterwegs bemerkt
Eberhard Jüngel: Predigten 1–7 *(auch einzeln erhältlich)*
Frank Otfried July: Freut euch, dass eure Namen im Himmel geschrieben sind Predigten
Otto Kaiser: Das Buch Hiob. Übersetzt und eingeleitet
Otto Kaiser: Kohelet. Der Prediger Salomo übersetzt und eingeleitet
Otto Kaiser: Weisheit für das Leben. Jesus Sirach übersetzt und eingeleitet
Otto Kaiser: Die Weisheit Salomos. Übersetzt und eingeleitet
Wolf Krötke: Aufatmen. Ost-westliche Einübungen in die christliche Freiheit
Reiner Kunze: Bleibt nur die eigne Stirn. Ausgewählte Reden
Matthias Loerbroks (Hg): Ein Jahr mit Paul Gerhardt. 30 Lied-Predigten
Gerd Lüdemann / Martina Janßen: Bibel der Häretiker. Nag Hammadi
Henning Luther: Religion und Alltag
Rüdiger Lux: Grenzgänge des Glaubens
Kurt Marti: DU. Rühmungen
Kurt Marti: geduld und revolte. die gedichte am rand

Kurt Marti: Die gesellige Gottheit. Ein Diskurs
Kurt Marti: gott gerneklein. gedichte
Kurt Marti: Gott im Diesseits. Versuche zu verstehen
Kurt Marti: Prediger Salomo. Weisheit inmitten der Globalisierung
Kurt Marti: Die Psalmen. Annäherungen
Kurt Marti: Ungrund Liebe. Wünsche - Klagen - Lieder
Kurt Marti: Von der Weltleidenschaft Gottes. Denkskizzen
Gerhard Marcel Martin: Das Thomas-Evangelium
Gerhard Marcel Martin: Was es heißt: Theologie treiben
Pierangelo Maset: Geistessterben. Eine Diagnose
Elisabeth Moltmann-Wendel: Der auf der Erde tanzt
Spuren der Jesusgeschichte
Elisabeth Moltmann-Wendel: Gib die Dinge der Jugend mit Grazie auf
Ingeborg Ronecker: JerusalemJahre. Von Intifada zu Intifada
Karl-Heinz Ronecker: Liedpredigten
Karl-Heinz Ronecker: Mit Literatur predigen
Martin Scharpe (Hg): Erdichtet und erzählt I und II
Das Alte / Das Neue Testament in der Literatur
Martin Scharpe/Wolfgang (Hg): Tag für Tag. Das literarische Geburtstagsbuch
Asta Scheib (Hg): Atem der Erde. Lyrik zu den vier Jahrezeiten
Wieland Schmied: Bilder zur Bibel
Maler aus sieben Jahrhunderten erzählen das Leben Jesu
Wieland Schmied: Von der Schöpfung zur Apokalypse
Bilder zum Alten Testament und zur Offenbarung
Gunda Schneider-Flume: Realismus der Barmherzigkeit
Friedrich Schorlemmer: Die Weite des Denkens und die Nähe zu den
Verlorenen. Einlassungen auf Texte des Evangelisten Lukas
Friedrich Schorlemmer (Hg): Das soll Dir bleiben
Texte für morgens und abends
Rudolf Smend: Wohltuendes Durcheinander. Biblische Predigten
Fulbert Steffensky: Gewagter Glaube
Fulbert Steffensky: Mut zur Endlichkeit
Sterben in einer Gesellschaft der Sieger
Fulbert Steffensky: Der Schatz im Acker. Gespräche mit der Bibel
Fulbert Steffensky: Schöne Aussichten. Einlassungen auf biblische Texte
Fulbert Steffensky: Schwarzbrot-Spiritualität
Fulbert Steffensky: Wo der Glaube wohnen kann
Fulbert Steffensky (Hg): Ein seltsamer Freudenmonat.
24 Adventsgedichte und 24 Adventsgeschichten
Holger Tiedemann: Paulus und das Begehren. Liebe, Lust und letzte Ziele
Iwan S. Turgenjew: Mumu. Erzählung
Hanna Wolff: Jesus als Psychotherapeut
Eva Zeller: Das unverschämte Glück. Neue Gedichte

Radius-Verlag · Alexanderstraße 162 · 70180 Stuttgart
Fon 0711.607 66 66 Fax 0711.607 55 55
www.Radius-Verlag.de e-Mail: info@radius-verlag.de